中国から独立せよ

帝國日本と蒙《モンゴル》・蔵《チベット》・回《ウイグル》

小滝 透＝著
久野 潤＝解説

集広舎

▲ 築山力（興亜義塾二期生・モンゴル班）

▲ 小林不二男
（西北事情研究所所属／東トルキスターン独立運動に尽力）

▲ 出口王仁三郎（大本教聖師）内モンゴルにて（『大本本部』より）

▲ 蒙古連合自治政府

▲ 徳王（ドムチョクドンロプ）

▲ ソビエト赤軍の抗戦の末、
日本に亡命したタタール人
（『日本イスラーム史』小林不二男）

▲ 家族に連れられ日本に移住してきた
タタール人（メッカ巡礼を終えて）

▲ ハダ氏（南モンゴル独立の志士）

▲ 国家反逆罪で収監中のハダ氏

▲ 興亜義塾二期生　西川一三
（『秘境 西域八年の潜行』西川一三著、中公文庫）

▲ 興亜義塾二期生／前列左が西川一三、その右が築山力　（『秘境 西域八年の潜行』西川一三著、中公文庫）

▲ ナーダムの力士の写真

▲ モンゴル人民革命軍とソビエト赤軍の将校

中国から独立せよ

帝國日本と蒙《モンゴル》・蔵《チベット》・回《ウイグル》

小滝 透＝著
久野 潤＝解説

集広舎

目次

第一章　モンゴル平原

(一) 異郷の地

黒い点が動いている。

が、蟻の這《は》うように、遅々として進まない。

どのくらい経ったろうか、ようやくその全貌《ぜんぼう》が見え始めた。

見渡すような平原の中、一台のトラックに数人の男たちが同乗し、その中の一人は非常に若い。年にして、おそらく一六、七歳。未だ少年の面影を残している。その青年が寺院の前で一人降ろされ、寺の僧侶に引き渡されると、連れ添った年かさの男から最後の言葉をかけられた。

「君はここで一年間居りなさい。そして言葉とこの地の風俗習慣を身につけなさい」

「くれぐれも言っておくが、勝手な行動は慎むように」

「われわれからは、ほぼ二ヵ月ごとに連絡する」

男はそれだけ言うと、「しっかりやりたまえ」とばかりに青年の肩を叩き、トラックに飛び乗った。

車が砂塵を挙げて動き出す。

青年が思わず、車を追って駆け出した。淋しいのであろう。顔がくしゃくしゃに歪んでいる。

「見捨てられた！」

青年はそう思った。

後に、彼はその時の思いをこう語っている。

「覚悟はしていた。だが、いざ置き去りにされると、寂寥《せきりょう》感は止められなかった。無茶苦茶に淋しかった」と。

だから、胸の内で叫んでいた。

「連れて帰ってくれ！」

「俺を置いていて行かないでくれ！」

最後は、絶叫になっていた。

青年は、こみ上げる思いを必死になってこらえながら、それでも思い切り手を振り続けた。車影は、来た時と同様にノロノロと進みながら、やがて大草原の中に吸い込まれるように消えていった。

それが、青年と、モンゴル（内モンゴル）の大草原との初めての出会いであった。

青年の名は築山力《つきやまつとむ》。旧制京都・桃山中学を出て興亜義塾《こうあぎじゅく》に入り、今現地実習のため、モンゴル平原のラマ教寺院（チベット仏教寺院）に入ろうとしている。

興亜義塾は、蒙古善隣《もうこぜんりん》協会の教育機関で、モンゴル班と回教班（イスラーム班）に分かれ、築山はモンゴル班の三期生として入塾した。一年目はモンゴル語、漢語、ロシア語、トルコ語の各国語、それに歴史や地理を学び、二年目に実習と称してモンゴル人ラマ（僧侶）と生活を共にしながら一年間を過ごすことになっていた。彼がモンゴル平原に来たのはこのことに依っている。

では、その目的とはいったい何か？

大局的には、日本の国家戦略に依っていた。

では、その戦略とはいったい何か？

敵対している中国国民党と共産党を、中国外縁部（辺境地区）に居住する少数民族（モンゴル、チベット、ウイグルの各民族）と連帯し、包囲殲滅《せんめつ》する戦略である。

ちなみに、築山が現地実習に入った当時の昭和一八年（一九四三）は、既に日米戦が始まっており、日中戦も昭和一二年来（一九三七来）延々と続いていた。

ために、大陸政策の遂行は、帝國日本の喫緊の課題となっており、興亜義塾での人材養成はその一翼を担っていた。

だが、築山にとっては、それは二の次の問題だった。

やりたいことはただ一つ。

未知の大地で、思いっ切り自分の力を試すことだ。

「いい暮らしなどクソックラエだ！」

目の前には広大な荒野が広がっている。そこには、多くの苦難があり、幾多の試練があるかもしれない。

だが、それこそ、自らが望むところだ。

青年は荒野を目指す――彼の心意気は高かった。

だから、中学卒業を機に父に言った。いや、宣言した。

「俺は、モンゴルに行く。ついては、興亜義塾に入りたい。親父さん、それでいいな」

不思議なことに、親父殿は何の反対もなく、すんなりそれを受け入れた。

「お前が大陸に行きたいなら行けばいい」

今なら「中学をぽっと出の文際で、とんでもない！」と大反対に遭うところだが、当時の日本は大陸熱が蔓延しており、加えて「好きなように生きればいい」とする家風により、あっさりと大陸行きが決定した。

ちなみに、築山の実家は京都・伏見の造り酒屋。

ただ、親父殿は根っからの自由人で、自由気ままに生き過ぎたため、身代を潰してしまった。

が、それもまったく意に介さず、ひょうひょうとして生きていた。

それについて聞かれた答えが以下の通りだ。

「まあ、人生、困ったことが起きても何とかなるわな」

さらに聞かれたら、こう答えた。

「なあに、困れば友達にでもすがればいい」

万事がこんな調子で生きていた。

だから、息子にあれやこれや言う立場になく、また言うつもりも全くなかった。言わば、放任主義が徹底していた。

そうした環境に育った彼が、輪をかけて自由に生きようとするのに何の不思議もなかったはずだ。案の定、彼は中学在学中から大陸行きを一人で勝手に決めていた。

「俺は大陸に行く。絶対に行く」——築山は事あるごとにその志を吹聴していた。

むろん、口先だけのことではない。そのための鍛錬にも怠《おこた》りなかった。具体的には剣道での修練だ。

目的があれば、人は真剣にそれに打ち込む。そして、短期間で腕を上げる。むろん、才能もあったろう。

得意技は飛び込み面。相手は分かっていても、よけ切れなかった。

「メーン!」——裂帛《れっぱく》の気合いと共に相手の面を打ち抜くや、道場の端から端まで駆け抜けるのが常だった。時折様子を見に来る剣道師範も三本に一本は取られていた。

「あいつは強い。他のことは分からんが、剣道だけは確かに強い。中学生にしては達人だ」と。

だから周りも、彼には一目置いていた。

そのような状況である。もはやその将来は、在学中から決まっていたようなものである。そして、希望通りに入塾する。

時に、昭和一七年（一九四二）のことである。

（二）塾の思い出

その後の経過は先に述べた通りだが、ラマ教（チベット仏教）寺院での暮らしについては、彼の書いた『塾の思い出』（天元社編）に依ってみよう。少し長くなるが、日本人が当時のモンゴル社会にどう向き合っていたかがよく分かるので、引用してみる。

「此《こ》のお寺はトラエマスムと云《い》うお寺で其《そ》の中のヌグネエシヤンと云う所に住む事になった。先《ま》ず言葉が全然文章で書くと簡単なようだが実際にはそうスムーズに事が運んだ訳ではない。通じない。塾に居る時はバクシー（先生）とはある程度話も通じたのにと思いながら荷物を整理しかけたのであるが、『此処《ここ》に布団を置いても宜しいですか？』と聞いても通じないし、また向こうの云う事が全然私には解らない。まるでチンプンカンプンである。荷物の整理を諦めて土産品を渡すことにした。タバコを差し上げると『ジャー』と云うそれだけである。今度は僧が茶を持って来て呉《く》れた。その茶碗の汚い事。ドス黒くなった碗の底にたまった埃《ほこり》を手ではらい、おまけに、その碗を油と埃でぴかぴかになった自分の服の袖で御丁寧に何度も拭いて、ジャーと言ひながら手渡され、その碗に波々とスータイチャイを注がれた時はそのスッパイ様な臭いとその場の異様な雰囲気とで朝から何も飲んでいない喉の渇きもすっかり飛んでしまい、ジャーと有難く両手でおし戴《いただ》くだけでそれを口にする事すら出来ず、ジャージャーと言うのみであった。それも蒙古はほとんどの人が梅毒患者であると言い聞かされていたせいもあるが、早速自分で持ってきた茶碗（日本製）を出し、クレゾール液で手を洗い、おもむろにその茶を自分の茶碗に注ぎ替え、ゆっくりとその茶を飲み干したのである。その茶が喉から胃袋へ入るまで、未だに忘れ得ない蒙古の茶であった。

本当のモンゴルと言うものが私の体内に入った最初でもある。後でその僧シャンバーから聞かされた話であるが、『何と日本人という人種は変わった人種である』と思ったそうである。本当に赤面のいたりであった。此れが本当にモンゴルに接した初日である。

それから一週間、シャンバーの出して呉れる朝食（炒った粟を茶に浮かして飲む）、昼食（同じ）、夕食（肉うどん）を胃が何も受けつけないのである。ただ持参してきたジャガイモを煮て貰いそれを食べていただけである。どうしてもシャンバーの出して呉れる蒙古食は臭いが鼻について食べられないのである。遂にジャガイモも無くなってしまった。何か食べないと体が持たないとは分かって居ても私の蒙古食に対する拒絶反応は直らない。ジャガイモがなくなって、絶食状態が続き寝ている私を見て、シャンバーが心配してしぼりたての羊の乳を持って来て呉れた。それも一口飲むと吐気《はきけ》がして飲めない。夜眠れない日が続く完全なノイローゼ状態になってしまった。おやじやお袋の顔がボンヤリと目に浮かんで来る。『何で此の様な蒙古まで来てしまったんだろうか？』『此れから私は蒙古砂漠で何をするのか？』『つまらん所へ来てしまったなあ』『此の様な梅毒患者ばかしの蒙古人と一緒に暮らして私の将来はどんなになるのだろうか？』――絶望に近い毎日であった。此の様な日が何日続いたのだろうか、たぶん二週間位であろうと思う。寝たきりの私に心配そうな顔で『バクシーお茶を飲め』と言うシャンバーの声に呼び起こされて差出されたスータイチャイがごく普通に何の苦もなく拒絶反応もなく飲めたのである。私の体に何の抵抗もなくモンゴルが入ったのである。私は生きられると言う喜びとシャンバーの笑顔が心の中で一緒になってサインバリナ、サインバリナと何度も繰り返し御礼を申し上げたのである――中略――

此に書面を借りて私と生活をして呉れたシャンバーに対して心から御礼を申し上げたい。

それからは何でも食べられる様になったし、クレゾールの消毒も止めたし、汚れた碗のお茶も苦にならなくなった。梅毒患者の蒙古人を見ても又その人が鼻水を拭った布で茶碗を拭いて呉れても何とも思わなくなってしまったのである」

こうなれば、後は竜虎の勢いである。

まずは、言葉に慣れ始めた。一ヵ月後、初めてモンゴル人同士の会話が聞きとれた。それと同時に、自らの中の日本人性が急速に失せていった。持ってきた雑誌も新聞も読まなくなった。内地への手紙も書かなくなり、日本語の雑誌類は全て焼いた。三ヶ月も経つと、モンゴル人との会話もスムーズに出来始め、冗談も言えるようになった。初めは、何の変哲《へんてつ》もない草原だったが、どの方向にどれだけ行けば誰それの家があり、何という井戸があり、何日行けば外モンゴルの国境に至るかが了解でき、チベットのニュースさえ入ってくるようになった。

そして、寺に入って六ヶ月。もうこの頃になると、全てが順調に廻り出した。モンゴル人の内緒話が聞きとれた。結婚式にも招待され、乗馬も習い、手綱なしで腰だけで馬を操ることもできた。馬が下駄であるように感じてきた。シャンバーに聞くと、寝言もモンゴル語で言っていたそうである。

かくして、一人のモンゴル青年（サランオーラ）が誕生した。

その後、築山は、一年間の研修を終え、厚和《こうわ》（現フフホト）にある興亜義塾に戻ってゆく。見る風景が変わっていた。ちょうど回教班（イスラーム班）の塾生も研修を終えて帰って来たところであった。

会うなり、彼らにいきなり言われた。

「お前、モンゴル臭くなったな」

築山も言い返した。

「お前らこそ支那臭くなっている」

実際、築山はモンゴル臭くなっていた。町に出ても、平気で地べたに腰を下ろす。漢人がそれを見て、軽蔑の眼で通りすぎても、一向に気にならない。いや、日本人からも、異様に思われていたようである。それは、次の文からもうかがえる。

「義塾の青年たちは、『土民軍《どみん》』と呼ばれた。かれらは草原を天地としラマ寺廟《じびょう》や遊牧民の張《ちょう》幕《ばく》に起居し、ほとんど張家口《ちょうかこう》（内モンゴルの最大都市）に出て来ない。かれらは真実心の底からモンゴル人を愛し、その言葉を語りその食物を口にし、その衣服をまとう日常を送っていた。今から回想すると、この人々はきわめて単純であり、また滑稽《こっけい》なくらい狭量でもあったが、モンゴル人との友情は純粋なものであった。その蒙古びいきと一本気とは、往々にして『国策』と衝突し、張家口では田舎者扱いされることが屢々《しばしば》であった。私は、このことをとくに言っておきたいと思う」（善隣協会調査部長、後藤富男）

このような彼らである。そのままでは、街での暮らしになじまない。

さすがにそれではまずいので、塾当局は「現地の垢を落とせ」と命じ、全塾生を北京神社に連れてゆき、前川坦吉塾長が率先して振魂《ふりたま》の行をおこなった。

これで、三年に及ぶ興亜義塾の行程が終わりを告げた。

その卒業証書には次のように記されている。

「第二十三号卒業証書、京都府、簗山力、大正十一年七月三十日生。右は蒙古善隣協会興亜義塾所定の業を卒《お》へたり。依《よ》って之を証す。昭和十七年十月五日、財団法人蒙古善隣協会理事長、興亜義塾々長前川坦吉」

簗山はそれを終生心の糧《かて》として生き続けた。彼の家には、それが額縁付きで飾ってあり、自然に来客の眼に触れるようになっていた。

「見ろ！　おれは、モンゴルでこのように生きてきた」と。

だが、これで塾生の全行程が終わったかと言えば、そうではなかった。

塾生には、今一つの使命があった。

それは、「日本に帰ることなく、少数民族の友となり、そこで骨を埋めよ」との使命である。いわゆる、その地の草となり土となれ、ということだ。

多感な青年たちのことである。それを真に受けて、実行せんとする者が多数いた。おそらく、敗戦にならなければ、現地に残った者もかなりいたろう。むろん、簗山もその一人だった。

「俺はモンゴルで生きるつもりで日本を離れた。なのに、それがかなわず、日本に舞い戻ってしまった」

酒が入ると、嘆きとも後悔ともとれる言葉がしばしば出た。

ちなみに、愚痴《ぐち》が出るほど日本の暮らしむきに問題があったわけではない。戦後しばらくは苦しい生活が続いたようだが、その後は大学を卒業し、建築設計士として独立し、結婚後は息子や娘にも恵まれて、人並みの暮らしを送っている。

だが、その心には、今一つの世界がこびりついて離れない。「モンゴルの地でモンゴル人となって終生生きたかった」との思いのほどが。

この思いは、入塾当時から聞かされてきた塾訓に依っているが、戦況が切迫するに従って、塾外からも公然と唱えられるようになる。かの東條英機もそれをはっきり明言している。

「諸兄らは、すべからく西北シナに潜入することを目指すべし。その地の辺境民族の友となり、そこで一生永住すべし」と。

それがはっきり言えるのは、次の善隣協会創立趣旨からもうかがえよう。そこにはこう書かれてある。

「今ニ於テ之カ適切ナル救済ノ道ヲ講スルニアラサレハ吾等ト兄弟タル蒙古民族ハ世界人類ノ落後者《ラクゴシヤ》トシテ遂ニ滅亡ノ悲運ニ陥《オチヰ(イ)》ルニ至ルヘシ、其ノ如キハ国際正義世界人類ノ護ト、極東平和ノ維持確立ヲ使命トスル我カ大和民族ノ断シテ座視スル能ハサル所ニシテ、吾等ハ此際須《スベカ》ラク同胞民族共存共栄ノ大義ニ則リコノ同情スヘキ民族ノ救済ニ邁進シ、ソノ文化ノ向上ト福祉ノ増進ヲ図リ、以テ善隣友邦ノ宜《ギ》ヲ完フスヘキナリ……」（『財団法人善隣協会創立趣旨』）

この一環として、興亜義塾は設立され、塾生はその尖兵として位置づけられた。またそれを築山は終生忘れることはなかった。

戦後彼は、留学生を海外に送る事業（イスラーム世界に送る事業）を手掛けており、私と友人たちもその一員としてイスラーム諸国に送られたが（私の場合はサウジアラビア）、最後の見送りの際には常に次のような言葉をかけられた。

「もう、日本へ戻って来んでもええぞぉぉぉぉ！　死ぬまでそこで暮らしておけ！」と。

初め、私はその言葉が彼個人の体験から出たものだと思っていたが、それはそうではなかったのだ。興亜義塾の塾生は、このような前提で教育されていたのである。

築山が言った言葉は、ずばり塾の方針だった。

だが、その設立趣旨と塾生の意識には、当然ながら乖離《かいり》がある。それもかなりの乖離である。

それは、先ほどの後藤の言葉からもよく分かろう。彼らは、日本人とモンゴル人の狭間を生きる微妙な立場に立っていた。

したがって、ともすれば、表向きの国家方針とのずれが生ずる。その時は、どうしてもモンゴル側に傾斜する。加えて彼は、しばしば「天皇はモンゴルから来た」との自説を吹聴《ふいちょう》したため憲兵隊に拘束され、三日三晩締め上げられたということだった。

「おい、貴様、今すぐその大ボラを中止しろ。さもなければ、どうなるか分かっているだろうな」

憲兵隊は、凄みをきかせ、焼きを入れ、引き取りにきた塾当局にも念を押し、神妙に聞き入る彼らを前に「もうこのへんでいいだろう、今回は帰してやる」とばかりに釈放した。

が、築山はというと、解き放たれるや、憲兵隊にアッカンベーをして意気揚々と引き揚げた。むろん、反省などしていない。おおっぴらな公言こそ控えたが、相変わらず仲間内では天皇モンゴル起源説を唱えていた。それを聞かされる塾生たちも、面白がっていさえすれ異議を唱える者は誰もなく、塾当局も「まあ、仕様がないから捨てておけ」との態度を取った。ただ、「塾外では、遠慮しろ」との釘は指していたようだが。

「天皇がモンゴルから来て何が悪いか。むしろ、ジンギスカンの親戚になれるのやから、光栄の至りやないか」――戦後に語った築山の言葉である。

彼や塾生たちのモンゴルびいきが垣間見える逸話である。

ちなみに、戦後築山は、日本人と少数民族を語る時、次のような言葉を残している。

「ここに大陸の辺境で少数民族と共に旗を振っている日本人がいたとする。そいつこそ本物の日本人愛国者や」と。

日本の大陸政策最前線の若者は、このような精神に育まれながら生きていた。

第二章　大陸へ、さらに大陸へ

(一) イスラームとの出会い

その築山に初めて会ったのは、大学入学の折であった。

それは、彼が所属する社団法人(日本イスラーム友愛協会)の記事(京都新聞)を読み、それを頼りに京都の事務所(伏見区の中書島)を訪ねて行ったことから始まる。

記事には、いかにもイスラーム風の風体(ファッション)で祈りを捧げる一団が、これ見よがしに写っていた。全員がアラビア服らしき服装をし、回教帽を被り、日本人離れした格好で集団礼拝を行っている。

礼拝を指導するイマームは小村不二男、その背後に築山ら数人の信者らが神妙な面持ちで座っている。後で聞くと、自主的にそうしたのではなく、新聞社が面白がって、それを所望したとのことだったが、こちらはそんな事情は分からない。「これは実に面白い」と思った私は、すぐさま新聞に載っていた住所を頼りに彼らの事務所を訪ねて行った。

事務所には、簗山建築設計事務所と掲げられた看板の横に、小村が書いた日本イスラーム友愛協会との題字が掲げてあり、中へ入ると緑地一星半月のイスラーム旗と宣伝用の小冊子が積まれてあった。

ここまでは、すんなりと理解できた。宗教施設とは、いついかなる場においてもこのようなものである。

だが、その傍を見て驚いた。昨夜宴会でも開いたのか、酒瓶が無造作に置かれている。しかも、一本や二本ではない。何本かのビール瓶や一升瓶が、口を開けてゴロゴロと転がっている。衆知の通り、イスラーム法(シャリーア)は酒飲を禁ずる。そのため、「何だ、これは!」と思ったわけだが、そんなことにはおかまいなく、簗山とその傍にいた理事長(小村不二男)から声がかかった。

「よう来てくれたな。遠慮するな。まあ、上がれよ」

そして、こわごわ入って来た私に対して、やおらモンゴルで過ごしたかつての日々を話し始めた。

面白かった。文句なしに引き込まれた。

「大草原にいて、焼肉をほおばりモンゴルの馬乳酒《ばにゅうしゅ》を飲む。これが最高や。こんな至福な時はなかった」

それが話の始まりで、次々とモンゴルの思い出が語り出される。

「日本が恋しかったって。まあ、少しはな。だが、そんなことより、ここでの暮らしが最高だった。広い草原に出てもみろ。天と大地と我一人。そんな気分に存分浸れる。それがどんなに楽しいか！」

そして、最後に誘いの言葉が一つ加わる。

「どうだ、面白いだろ。男なら、いつか大陸で活躍してみろ。人生は一度だ。阿呆《あほう》な人生を送るより、こちらの方が遥かにいい」と。

確かにそうだ。それに賛同した私を前に、彼らはモンゴルを肴《さかな》にして、「さあ、もっと飲め、さらに飲め」とひっきりなしについでくれ、また自分たちも大いに飲み、当時の状況を延々と語り続けた。

うっとりとした。ある種の桃源郷である。彼らにとっては見果てぬ夢であったが故に、よけいに語りたかったに違いない。現実はその桃源郷から追い出された失楽園であったのだが。

だが、初めてそれに接した者には、また別の感慨がもたらされる。「俺も、そんな体験をしてみたい」との強い思いが。

だから、毎月の例会にはわくわくしながら出席した。そして、自分だけが見聞きしたのではもったいないと、身近な仲間も勧誘した。

当時、われわれは全共闘運動（学生運動）に入れ込んでいたが、もはや運動はピークを越え、その劣勢は覆《おお》いがたいものになっていた。そのため、何をどうやっていいのか分からなかった。そこに彼らが現れたのである。渡りに船であった。閉塞している状況を突破できる状況が初めて見えた。

それは、築山らにとっても同様で、われわれとの出会いは先細りする運動の光明であったはずである。事実、その戦前の活動は、もはや誰にも理解されず、急速に忘れられつつあった。

そもそも、当時の日本に彼らの言葉に耳傾ける状況などほとんどなかった。戦前の大陸政策は全てにわたって否定され、たまに話題にのぼっても「日本帝国主義の大陸侵略」との紋切り型で葬《ほうむ》り去られた。

　そのため、「敗軍の将、兵を語らず」との思いから、よけいに発言が抑制され、それに興味を持つ者を発掘することができなかった。おそらく、あのままの状態が続いていれば、彼らのなしてきた活動は埋もれていったに違いない。そこへ、何の因果か、われわれが合流したのだ。

　歓迎されたのは言うまでもない。その際、彼らにとって、われわれの経歴などどうでもよかった。したがって、その出自（全共闘の出自）が問われたことは一度もない。ただ、さすがに左翼の出身故、その出会いに躊躇《ちゅうちょ》した者もいるにはいた。

　彼は、右翼、とりわけ大陸で活躍した壮士との出会いを次のように語っている。

「一本の太い和ローソクがあたりの闇をきわだたせ、その陰がつくる空間の一番上席に、背筋をピンと伸ばして正座する人が居り、その人は今にも吼《ほ》えようとしていた、と想像していた者には、びっくりする程の明るい場所で先生とはじめて出会った。目の前でおでんがぐつぐつと煮えていた。それをすすめるおっさんは、丸顔の中の白い太いマユと乱《らん》ぐい歯が印象的な、どこにでもいるおっさんであった――君達青年ハ須《スベカ》ラク海外ニ雄飛シテ日本男児ノ何タルカヲ身ヲ呈《テイ》シテ示スヘシ、現今思フニ政治ノ紊乱《ブンラン》極マリテ資本家ノ跳梁《チヨウリヨウ》甚《ハナハダ》シ、ヨッテ兄弟ハ世界ノ草莽トナリテ我カ民族ノ真ノ姿ヲ示スヘシ、マタ、ロシア中共トイウ奸賊ヲ討ツヘシ――と叫ぶ壮士はどこにもいなかった」と。

紋切り型の右翼を想う彼にとっては、築山らの存在はまるで予期しないものであった。何せ、話の次元が違っていた。

だから、次のような言葉を発する築山に感心しきりとなってしまう。

「『駱駝《ラクダ》はええで、あいつは好き嫌いがはっきりしよってな、気にくわんやつが乗ると、首を後ろに向けて突然ヘドを吐きよるがな。あれはくさいで、ホンマにくさいで。――日本の男はダメやわ。世界中どこへ行っても日本の女はおる。そこで子供を生んで永住しとる。男はダメや、すぐに戻って来よる。鳥と同じレベルや』――中略――こんな話ばかりのおっさんであった。うれしそうに、笑いながら話すばかりであった。身構えたこちらが拍子抜け。

『羊やラクダはええで、国境なんかありよらへん。勝手にどこでも行きよるがな。そこでそいつに人がついて行ったらええ。国境なんかそんなもんやで』

『――将来、ソ連か中国で少数民族の叛乱が起きたとする。そこで日の丸をふっているヤツがいたらそれが一番本物やで』

私も、これには心が動いた。国境をこのように解釈し、日の丸をこのように解釈した者に出会った事は一度もなかった。

これを聞いて彼の見方も一変する。

「はじめに少しばかり斜めに身構え、こちらもそれ相応の生活の歴史があり、少しばかりのハッタリやこけおどしには乗らないぞ、という気負も束の間、完全に先生の持つ人格に魅入られていった」（築山力追悼集、天元社）と。

ここに戦前の壮士とそれに憧れを持つ若者のささやかな交流が始まった。

彼らは当時、月に一度伏見区（京都）の公民館で勉強会を開いており、小村がそこで『ムハンマド伝』を講釈し、それを数人の会員が聞くと言うスタイルを取っていたが、それよりも何よりも、その後の打ち上げが楽しみだった。皆でぐいぐい杯を挙げながら、当時のモンゴル事情に話が及ぶ。皆例外なく酒豪である。だから、酔えば酔うほど、話にも熱が入る。

草原の話、馬の話、駱駝の話、馬乳酒の話、モンゴル女性の話エトセトラエトセトラ。先ほど述べた通りである。

われわれが身を乗り出して聞くものだから、よけいに語り続けたのだと思う。しばらくして、彼らの素性がより正確に分かり出した。

築山が入った興亜義塾は蒙古善隣協会の教育機関であり、その善隣協会は中国・張家口に置かれた現地法人で、当初は純蒙地帯で診療・治療・研究調査・牧畜指導等に当たっていたが、日支事変後になると回族(中国人回教徒)に対する文化事業も設けられ、ために興亜義塾もモンゴル班と回教班(イスラーム班)の二班が用意されることになる。

一方、善隣協会は、本拠の張家口に西北研究所(一九四四年設立)を設け、厚和に西北事情研究所(一九四二年設立、理事長・須田正継)を設置して現地の研究調査に当たっていた。

前者は戦後京大学派の総師となる今西錦司、中尾佐助、梅棹忠夫らのいる純粋な研究機関で、今西によるとこの体験から次のような研究課題が生まれてきたということだった。

「この調査行の中から私は〝遊牧論〟が生まれてきた。それとともに、いままでのカゲロウの研究では絶対に視野にはいってこなかった動物社会における群れというものの存在を、蒙古人の放牧する家畜の群や蒙古高原を彷徨するカモシカの群を通して体験することができた。このことは私のその後の学問の展開と深いかかわりがないとはいえない」(『今西錦司全集第十巻』――

私の履歴書）と。

これから見ても、西北研究所は純粋な学者集団で、国策であったことはもちろんだが、具体的な工作には一切タッチしていない。だから、今西の記述にも、そのことは一切触れられていない。

一方、後者（西北事情研究所）は現地調査を事とする実践部隊で構成されていた。小村はその後者の主催者であったのだ。そこのところを彼が著した『日本イスラーム史』（日本イスラム友好連盟）に依ると、次のようになっている。

「（西北事情研究所は）日本内地における調査期間と異なり、現地第一線地区にあり、しかも内蒙キャラバン・ルートを通じて間断なく敵味方の区別なく往来している地帯だけに、単なるデスク上のペーパー・プランとひと味ちがった生々しさが特色であった。これは前年すなわち昭和一六年にやはり筆者が開設した『回民会館』とともに異色ある施設として衆目を惹《ひ》いた」

ちなみに、西北研究所は、終戦一年前に設立されたことからみて、実質的な研究はできなかったと思われるが（右の今西のように現地の雰囲気に慣れるだけに終わっていたはずである）、この名称の似通った両組織はライバル関係にあったと言えよう。

ただ、小村は西北研究所のことを悪し様に言うことはほとんどなく、ただ一度だけ酒宴の折に「彼らはわれわれのような現地組とは違っていた」とポツリと述べたことがある。おそらく、「自分たちこそ、この地を最もよく知るプロ集団だ」との自負があったのだろう。

その小村であるが、天理外国語学校（現天理大学）で漢語とモンゴル語を学び、同時に同校柔道部の猛者であった。

築山と同じく大陸志向のあった小村は、剣道ならぬ柔道をもって鍛錬とし、柔道部の正選手にまでなっている。曰く。「拳銃と馬術は大陸に行ってから習えばいい。だから今はひたすら身体の鍛錬だ。それには柔道が一番いい。だから、それに専念した」と。

天理柔道は今も昔も学生柔道界切っての名門である。だから、その団体戦の正選手になるのは並大抵なものではない。在学中、一度も正選手になれず、部活を終わる部員も珍しくない。おまけに小村の身長は一六〇センチいくかいかぬかの小兵である。おそらく、非常な努力をしたのだろう。

その役割は引き分け要員。常に次鋒で寝技に持ち込み時間切れを狙う専門要員であったのだ。だが、それは単なる引き分け要員ではまったくなかった。それは、彼の採った戦法が何とも独創的なものだったからである。

何せ、「始め！」の合図がかかると同時に、いきなりゴロンと畳の上にころがるのだ。今では、とうてい認められない戦法だが、当時は寝技も一つの戦術として大いに評価されており、即座の寝技も認められていたのである。

そこで、相手は仕方なく寝技に付き合うことになるのだが、寝技の鍛錬に余念のない小村に勝てるわけもなく、常に時間切れに追いやられた。

さすがに「あれは卑怯だ！」との声もかなり上がったようであるが、「小兵の身で戦うにはあれしかない。よく考えた立派な戦法だ」との称賛の声も根強かった。

小村はそれを語る時、誰それの先生がそれを大いに評価してくれたと自慢げに話し、またどこか面白がっている風でもあり、時には「クックック」と押し殺したような笑みをもらすのが常だった。

その小村が大陸でやっていたのが「当地の研究調査」と「回教工作（東トルキスターンの独立運動）」である。前者は毎月一度研究発表会が催され、各自が自分の専門領域について発表するのが常であった。ただ、西北研究所のような純然たる研究機関ではないために、学究肌の者はきわめて少なく、皆モンゴル語、漢語、ロシア語等をマスターした実践家ぞろいであった。

むろん、研究所を名乗る限り、表向きにはこちらがメインであったのだが、そこは大戦下のご時世である。小村は、同研究所を管理運営すると同時に、回教工作に手を染めていた。

その活動の原点は、昭和一二年（一九三七）の日支事変時に遡《さかのぼ》る。

（二）ひたすら西へ、東トルキスターンまでも

この時、東條英機率いる関東軍・機甲化部隊は、西に向って直進する。そして、中国軍を蹴散らしながら一気に内モンゴルの省都フフホト（厚和）を占領し、その先のパオトウ（包頭）まで侵攻する。

西北事情研究所や興亜義塾（出先機関）が厚和（現フフホト）に置かれたのは、このことがあったからだ。

小村は、その軍（厚和特務機関）の庇護《ひご》の下、厚和通商委員会を立ち上げて、当地を行きかう西域の商人たちに工作をかけていた。

厚和には、さまざまな商人たちがやってきた。むろん、当時のことである。運搬手段は馬やラクダに限られる。とりわけ、西域からの商人たちはキャラバンを組んで旅してきた。その背には、日用品から金や阿片《アヘン》（表向きには取引禁止であったが、事実上黙認されていた）に至るまでさまざまな物資が積まれている。これを中国の諸都市から来る雑貨（食料、陶器、マッチ等）と交換し、元来た道を戻ってゆく。甘粛《かんしゅく》へ、新疆《しんきょう》へ、さらにはシルクロード本体から枝分かれしたさまざまな地域へと。

この間に要する日時はさまざまだったが、新疆の西端から来たキャラバンにもなると往復一年近くの月日を要した。

なぜ、これほど時間がかかるかには理由があった。

行く先々に逗留しながら取引をするからだ。とりわけ、厚和に留まる場合には、長逗留せざるを得なかった（一〜二ヵ月ほど）。近隣の商人たちが相手なら、紙幣を用いて商取引ができるのだが、彼ら（キャラバン隊）の故地ではその紙幣が意味をなさない。そのため、物々交換するしかなく、時間がえらくかかるのだ。そのため、隊商宿に宿泊して時間をつぶすことになるのだが、そこが小村らの付け目であった。

小村は、商人向けの遊興クラブを設立し、さまざまな娯楽を提供した。むろん、そこには酒や女が供される。

通常、商人たちの口は固い。彼らにとって、政治を語るのはタブーであった。だから、簡単に口を割らない。少なくとも、重要なことには口を閉ざす。

だが、女が侍り、酒が入り、博打にのめり込む場合はこの限りではない。思わず知らず、見聞きしたことを話し出す。しかも、馴染みになってゆくにつれ、それがさらに加速する。こうなると、大量の情報が容易に手に入るというわけだ。

そこで西域の情報を掌握し、それを日本の宣伝に利用した。

その中の一つを挙げると、引き上げる駝夫《だふ》たちに日本製の眼薬を持たせて帰したことだ。

なぜ、眼薬か？

それは、彼らが往き交う隊商ルート（俗に言うシルクロード）が乾燥地帯（砂漠）であったからだ。

砂漠の旅には幾多の病が付随するが、眼病もその中の一つである。乾燥した大地は人の目を直撃する。細かい砂塵が常に飛び交い、容赦ない日射しの反射が雪盲（砂盲？）を誘発する。この大地は人を殴り、その目を痛めつけるのだ。したがって、彼らにとっての眼薬は何より貴重な土産であった。

その眼薬に小村はある仕掛けをほどこした。

「目薬には、彼らの現地語であるウイグル語と、コーランの言葉であるアラビア語で、こう書いておいたんだ。『日本は決して侵略者になるつもりはない』」と。

西域の住民への不安解消であると同時に、国民党や共産党が盛んに行っていた反日宣伝へのカウンター工作であったのだろう。

ちなみに、こうした活動が自由に黙認されたのは、厚和特務機関の機関長・小倉達次中将がいたからである。そのため関東軍、とりわけ憲兵隊が介入できず、自由な活動が可能だった。両者は常にライバル関係にあり、時として激しい鍔《つば》ぜり合いを演じているが、この場合は特務機関の勝ちであった。

これは幸運なことであった。通常、こうした特務機関は、占領地に真っ先に設けられる。いや、その作戦開始に先立って、先遣隊として目標地域に設けられる。内モンゴルで言えば、後述するオチナの特務機関がそれに当たる。

一方の憲兵隊は、占領軍にくっつくようにやって来て、現地の治安を担当する。だから、こうした遊興施設を作るには、憲兵隊の許可が不可欠だった。この憲兵隊の存在がいかに大きかったかは、その名を聞いただけで震え上がるのが常であったことからもよく分かろう。それは、日本人であるか否かに関わりなく、占領地全てに行きわたっていた。権威だけを言っているのではない。彼らには無差別の逮捕特権や行政命令が付随していた。

ところが、厚和の場合は、小倉中将が憲兵隊のトップより階級が上であり、キャリアでも遥かに凌駕《りょうが》していたため、憲兵隊がまったく手出しができなかった。

かくして、小村の活動は何の障害も受けることなく遂行できた。

もう一つ、小村が関わっていた組織がある。それが、西北回教連合会である。

これは、ずばり「将来の東トルキスターン汗国」の母体となる機関で、西北の名を課したのは中国の西北四省をターゲットにしていたからだ。そこが、他の回教組織と根本的に違っていた。

小村は、フフホト（厚和）でその工作に専念していた。

むろん、厚和には東トルキスターンから来た独立の志士たち（ウイグル人）が何人もいた。

小村の著作には、具体的な名としてヤコブとヤシャールが出ているが、その他にも多数おり、西域を担当する竹内義典（ムスリム名スレイマーン）の世話をした者だけで二六名にのぼっている。

だが、彼らの最後は物悲しい。日本が負け、行き所を失った志士たちは、突撃するように故地（東トルキスターン）に旅立ち、ほぼ全員が死亡する。小村がその後聞いたところによると、「彼らは衆議の結果、三々五々数班に分れて密館を離脱してカシュガルまで、ざっと陸路三千キロのタクラマカン砂漠の流砂を渉り、天山南路を越え、もちろん正規のシルクロードなどは往けないので、間道伝いに西進したそうである。しかし、大半は途中で国民党の中央軍や共産党の人民解放軍、土匪たちに襲撃されて斃《たお》れ、無事トルキスタンに入境した者も省政府軍に捕縛されたのち、反逆分子として処刑されたという」（『日本イスラーム小史』）

かくして小村の抱いた夢――第二、第三の満洲国を建国するとの夢（内モンゴル連合自治政府と東トルキスターン自治政府の樹立）――は日本の敗北と共に破れ去った。具体的には、東部戦線のドイツの敗北で後退し、ソビエト赤軍の満蒙侵攻でトドメを刺された。

一九四五年八月八日。赤軍の機甲化部隊は、ゴビ砂漠・モンゴル高原を越えて南下を始めた。

現地は、たちまち蜂の巣をつついたような大混乱に陥った。

残されたのは、当地を引き払う事後処理をするだけだった。西北事情研究所の所蔵図書は、地元の慈善団体（純一善社）に寄贈され、機密文書は焼却され、小村らは撤退した。

その最後の事後処理をした人物に小野寺宏（興亜義塾出身）がいる。彼は、全ての処理を終え、それを確認し終えると、最後にそこを立ち去った。

戦後、一度彼を訪ねたことがある。落ち着いた静かな男であった。

その時の事後処理を一言こう語っている。

「それは、私の任務でしたから」

一方小村は、敗戦時の思い出をこう語っている。

「その当時の状況から見て、『日本の西進を阻むものは何もなかった』というのがわれわれの見解だった。もとより、ワシもそう信じて疑わなかった。そのため、満蒙のムスリムたちを教育し、訓練し、糾合して軍部よりも先んじて東トルキスターンに送り込み、独立国の下地を作ることに専念していた」

そして、次のように、話を続ける。

「では、どこまで西に向って進むのか？　今となっては、虚言に聞こえるかもしれないが、パミール高原までは十分行けるとふんでいた。そして、中央アジア横断鉄道やイスタンブールまで到達するアジア・ハイウェイを計画していた。西に進んだ日本が、ソビエトを倒したドイツと組めば、実現可能と思ったからだ。しかし、それも、日本の負けで、全てが絵空事になってしまった……」

小村はそれを語る時、常にふっと遠い過去を見つめるような顔をする。

確かに、今となれば、絵空事に聞こえよう。

だが、当時の日本は、ドイツのソビエト侵攻に非常な刺激を受けていた。初戦のドイツは、ソビエト赤軍を一蹴し、モスクワ近郊まで迫っていた。もし、モスクワが陥落すれば、破竹の勢いそのままに、東進してくるのは目に見えていた。

関東軍は、それに焦った。そのため、おっとり刀で西進プランを作成し、その前進基地をパオトウ(包頭)に置き、アジア・ハイウェイの沿線を調査すべくウイグル・カザフの専門家・竹内義典を指名した。後述の空路をもってドイツと結ぶ空のシルクロード作戦もその一環としてあった。

だが、そのプランもそこまでだった。ドイツも日本もそれ以上の侵攻を果たせないまま、押し戻されていくことになる。

(三) サウジアラビアでの会見

かくして、小村らの東トルキスターン独立の夢は無に帰した。

だが、もともと当地への工作にはかなりの無理があった。関東軍の補給線は伸び切っており、かつ東トルキスターンの間には国民党の軍閥(傅作義軍等)や五馬連盟と称された回教軍(馬姓軍閥)が根を張っており分厚い壁となっていた。とりわけ回教軍は強力で、かの毛沢東率いる長征軍(現人民解放軍の前身の八路軍)も殲滅《せんめつ》に近い打撃をこうむっている。

その壁を容易に突破できず関東軍はパオトウ以西に進むことができなかった。

では、五馬連盟はその後どうなったのか?

彼らは、中国内戦を勝ち切った人民解放軍の侵攻により壊滅する。

このたびの解放軍は、かつての長征下にあった八路軍とはまるで違った。当時のみすぼらしい逃亡兵は、見違えるまでに一新していた。

航空機まで動員した解放軍は、一斉に回教軍に襲いかかった。迎え撃つ回教軍も力を尽くして戦ったが、いかんせん力の差があり過ぎた。

蹴散らされた回教軍は四方に離散し、青海王と異名を採った馬歩芳《ばほほう》も一族郎党を引き連れて台湾に逃れ、その後中華民国のサウジアラビア大使になって赴任して行く。

戦後(昭和三九年)、小村はこの馬歩芳と面会し、その間の事情を問い質している。

その十年後、小村のカバン持ちをして、サウジに赴いた折、彼にその時の模様を詳しく聞いたことがある。それによると、馬歩芳将軍は、小村と同行した三田了一(元中国回教総連合会最高顧問)を豪華な食事でもてなしてくれたという。

一般に、アラビア半島の食卓は貧弱だ。キャプサと呼ばれる炊き込み飯の上に肉が置かれているだけである。だが、さすがに馬歩芳は舌の肥えた青海王だ。可能な限りの中華風清真《せいしん》料理(中華風回教料理)を用意し、遠来の客を歓待してくれた。

むろん、会話ははずんだ。そして、当時の話に花が咲いた。小村も三田も漢語の達人であったため、通訳の必要もまったくない。

だが、そのなごやかな雰囲気も、小村が次の話をした瞬間に一変した。

彼にはぜひとも聞かなければならないことが一つあった。また、そのためにも馬歩芳を訪ねていた。それが、関東軍の編制したキャラバンがその途上で襲撃された一件だった。

その当時の関東軍は、内モンゴル最西端のオチナに特務機関（江崎郁郎機関長）を設けていた。ここに飛行場を建設し、それを中継基地として、アフガンの首都カブールまで空路を伸ばし、当地でドイツの航空機とドッキングさせる計画である。これを関東軍は、空のシルクロードと命名していた。その構想を利用して武器弾薬を運ぼうとしたのが大迫武夫である。大迫は当時、馬歩芳将軍の参謀をしていたが、オチナに飛行場が設置されれば必ずそこへの補給物資（航空機燃料等）が運び込まれる。とすれば、その中に武器弾薬も紛れ込ませることが可能となる。

「これは、絶好の好機となる」――そう思った大迫は、馬歩芳に献策して許可を得ると、長駆満洲に赴いて関東軍を説得し、その運搬を担うキャラバンを編制し、西に向わせたのである。

その間の模様を小村はこう述べている。

「この大迫の献策は容れられ、昭和十二年三月、ガソリン補給隊は燃料や飛行器材、部品等の中に相当量の小銃、機関銃、迫撃砲等の軽火器を隠密裏に梱包して三百余頭のラクダに積載して大キャラバン隊を編成、これを満航の横山信次が宰領し、大迫武夫を勝手なれた道案内役となって日本人約十名、蒙古人回教徒数十名が駝夫となって奉天を出発した」（『日本イスラーム史』）

ところが、オチナまで後一〇日の行程で、予想外のことが起こる。正体不明の一団に襲われてキャラバンは壊滅する。

これは、信じがたい事件であった。通常、この地を往き交うキャラバンには、通行税と引き換えに暗黙のセキュリティー（安全保証）がなされている。もし、それが破られれば、襲った当人は非難にさらされ、報復を受け、以後自らの組織するキャラバン行も無に帰して、その通商は不能になる。しかも、右の満洲国派遣のキャラバンは武装されたものであり、それを襲撃するとなると、よほどの覚悟がなければ実行されることはない。それをあえてやったところに、このたびの事件の大きさが読み取れる。

ではその襲撃は、いったい誰の命で、誰が実行したのか――小村はそれを確かめたかった。だが、馬歩芳は、それに何も答えなかった。ただ、一言「（それは）言わないでおこう」とだけ言い、口を閉ざしたままであった。

「彼はその全貌を全く何も語らなかった。おそらく、その実態をつかんでいたはずであるが、それを話すには未だ支障があったのだろう」

それが小村の推測だったが、後に一言付け加えている。

「馬歩芳は、直接関与はしなかっただろうが、事後報告は受けていたはずである」

「彼にとっても、その事件の真相は是非とも知っておかなければならないことであったはずだ。だとすれば、その事件を知った上で、黙認したのではなかったか」

そして、こう結論づけている。

「おそらくは、彼の配下が、馬歩芳の思いを忖度してやったのか、あるいは他の馬姓軍閥がやったのを後で知ったに違いない」と。

これから推測できることは、少なくとも馬歩芳は、事件直後に全ての状況を把握していたということだ。

だが、事件後長く経った当時でも、小村には一言も語らなかった。

おそらく、馬歩芳は、そうした惨劇の数々をあまりに多く見過ぎていたのだろう。敗軍の将たる立場では、それに触れたくなかったに違いない。小村に会って懐かしげに話したそうだが、自らが辿った過去については口をつぐんだままであった。

以上が会見の顛末《てんまつ》だが、この一件から日本の限界も見えてこよう。補給路を確保できない状態では、いかなる作戦も取りえない。日本（関東軍）は遂にパオトウ以西に勢力を伸ばすことをできないまま終戦を迎えざるをえなかった。

東トルキスターンの道はあまりにも遠かったのである。

（四）イスラーム地区の現在

さて昨今、巷では人民中国の侵略を東トルキスターン（現中国領新疆ウイグル自治区）やチベットに限定するが、それは誤った解釈である。そこに隣接する内モンゴル自治区も回教自治区（西北地域の自治区）も戦後人民中国が侵略した立派な国内植民地である。

したがって、マスコミに取り沙汰される西域の政治事情が東トルキスターンやチベットだけに言及されれば片手落ちになるであろう。

そもそも、清朝以来の独立志向（叛乱も含む）は東トルキスターンより西北回教地区の方が遥かに強い。その証拠には、彼らの叛乱は熾烈《しれつ》を極め、ジャーフリーア派（イスラーム神秘主義教団）

に至っては、何波にも渡り清朝（並びに近代中国）への蜂起を繰り返している。しかも、頑強に抵抗したため、手を焼いた清朝は根切り（皆殺し）に近い殲滅戦を展開している。戦前の状況を見てみても、回教軍（東干）が東トルキスターンに侵攻し、この地を占領した時期さえある。スウェーデンの探検家スウェン・ヘディンの著した『馬仲英の逃亡』（中公文庫、小野忍訳）にはその間の事情がよく描かれている。

こうした事情があったため、東トルキスターンの政治事情は回教徒の動向と一括して扱わなければならないだろう。

ちなみに、清朝では東トルキスターン領有をめぐり、海防派と塞防派に二派に分かれて激論が交わされていた。

前者の総帥・李鴻章《りこうしょう》は、次のように述べていた。

「新疆は乾隆帝以後治めて短く、年々軍費がかさみ、その地を治めるヤークーブ・ベクは英露両国の承認を得るまでになっている。そのような地に軍を進めて何の利があろう。故に、新疆遠征は差し控えるのが妥当であろう。もはや辺境は捨て去る時が到来している」

対する塞防派の左宗棠《さそうとう》はこれに激しく反駁《はんばく》した。

「古今、辺境の地は国防の要であった。我が朝（清朝）もその国を建つるに、辺境の安寧をもって維持されてきた。それゆえ、新疆は蒙古をもって保ち、蒙古は京師（北京）を保ち、この故をもって新疆を治めるのが必須となろう。断じて漢土（関内）のみに終始すべき時ではない」

清末は、この二派の激しい確執の中にあった。

もし、ここで海防派が勝っていれば、おそらく新疆は中国本土から切り離されていたであろう。と同時に、新疆の独立は、内蒙とチベットへ多大な影響を及ぼしていたに違いない。

事実、海防派の主張は、当時の政治情勢（西欧列強の中国侵略）から見て、非常な説得力を持っていた。

だが、勝ったのは塞防派の方であった。長く手こずり続けていた回教徒の制圧が適ったからだ。

その結果、清朝は新疆を奪還し、それが中華民国、人民中国まで引き継がれる。

これが、中国辺境地区の決定的な分岐となった。すなわち、回教地区の制圧が致命的重要性を持っていたということだ。

これから見ても、東トルキスターンの政治事情が中国回教徒の動向と密接に関わり合っていることが容易に分かろう。この関係は現在まで続いており、新聞のベタ記事に時折見られる回教徒の抵抗運動は、今なお重要な意味を持っている。逆に言えば、回教地区のレジスタンスが全くなければ、東トルキスターンの叛乱も完封されることになる。

両者は、時折蜜月に、また時折反目し合う関係を続けてきたが、一体不可分の関係にある。

小村らの見た世界は、今に至るまで変わっていない。

第三章　モンゴルとイスラーム——日本が初めて出会った民族と宗教

(一)モンゴルとの出会い

前章で述べた築山と小村の話は、実は象徴的な意味があった。それは、モンゴルとイスラームという日本にとって初めて出会った民族と宗教であったからだ。どちらも満洲国を通じての出会いである。

その満洲国は、日本が史上初めてユーラシア大陸に建国した国家である。その国号は満洲族に由来し、その前身となる王朝が清である。

清は、教科書等では中華帝国と紹介されることが多いが、完全な誤解であり、端的に東アジアに君臨した世界帝国と見るのが正しい。具体的には、モンゴルには大ハーンとなって軍事同盟(満蒙八旗)を締結し、東トルキスターンには宗主権下における保護国とし、チベットとは寺檀関係（チュ・ユン関係）をもって対処し、漢人には伝統的な儒教天子として君臨した。だから、清朝は、満洲族皇帝を頂点とする満・蒙・回・蔵・漢の五民族を統合する同君連合国家と位置づけられよう。今少し補足すると、漢土には六部官制を敷き直接統治を行い、辺境地区には理藩院を設けて土着有力者を通じての間接統治を基本とした。モンゴルに限って言えば、盟旗制という行政区画を適用して遊牧民の自由な移動を制限し、王侯には皇家の公主を降嫁させ爵位を与える懐柔策を採っていた。

もう一つ、清朝に特徴的な統治策があった。

それは、多数を占める漢人を他の少数民族から切り離すため、封禁制を採ったことである。封禁策は、漢人の他民族地域への居住、入境、通商を禁止するもので、漢化を防ぐ重要な政策として採用していた。

ただこれは、ロシアや西欧列強に対抗するため、辺境防備が叫ばれる段になると、封禁制が桎梏《しっこく》になり始め、その適応を改める必要に迫られた。東トルキスターンが、新疆省（新たな辺境の省）として改変されるのはその代表的な例である。

以上が清朝の基本統治となっていたが、その構造が根本的に変わったのは太平天国の乱を契機とする。この時、満洲族と漢人のつながりが深くなる。清朝の主力たる八旗軍（満洲八旗と蒙古八旗）が乱鎮圧を実現できず、漢人（郷勇や湘勇など団練と呼ばれる漢人義勇軍）の力を借りなければならなかったからである。

この時、清朝は彼らに徴税権や徴兵権を与え（これが後の軍閥の基となる）、ために漢人勢力が強力な力を持つことになる。むろん、乱鎮圧後、清朝は与えた諸権利を返還するよう求めたが、一度手にした既得権が手放されるわけはない。その結果、当初の満蒙同盟は、満漢同盟に代わってゆき、ここに清朝の体制は大きな変貌を遂げてゆく。

今一つ、満漢同盟に変わった分岐がある。それは、西北・東トルキスターンの叛乱を鎮圧した折、当地を直轄領（新疆省＝新たな辺境の省）に編制し直し、そこに漢人の省長を送り込んだことによる。このため、従来の間接支配は退けられ、満漢同盟の鋳型ができた。

これをもって、満蒙同盟は後退し、以後モンゴルの退潮が明らかになる。モンゴル衰退の遠因は、この時にまで遡る。

それとほぼ時を同じくして、モンゴル高原への漢人の侵入（植民）も加速していた。

この時、モンゴル諸公たちは、そうした漢人農民から小作料を取り立てて、その侵入を認める態度に出始めた。ために、モンゴル遊牧民は、放牧地を失って農耕化し、漢人高利貸しから法外な利子を取り立てられ、格好の餌食になる者が続出した。

こうした事情を背景とし、ドライコン運動と呼ばれる反重税、反近代化、反漢人植民者(並びに高利貸)を訴える訴状が頻発し、ついには武装闘争に発展する。その代表がトクトホ・タイジによる漢人入植者への襲撃である。彼の率いる騎馬隊は、当たり一帯に荒れ狂い、漢人植民社会を恐怖のどん底に陥《おとしい》れた。

彼らは親の意に背く子らに次のように言うのが常だった。「そんなことをしていると、トクトホ・タイジがやってくる」と。

それは、文字通り、泣く子も黙る文言だった。トクトホ・タイジは、白人入植者を襲撃したアパッチの酋長ジェロニモにも匹敵する。モンゴル遊牧民の牧草地を奪われた恨みは大きかった。

さて、次の分岐となったのが辛亥革命である(一九一一〜一二)。

衆知の通り、辛亥革命は中華民国建国の原点になる政変だが、清朝が倒れたことでモンゴルも独立を目指してゆく。

まず、外モンゴルに活仏政府が樹立され、その首班にボグド・ジェプチンダンバ（チベット僧ターラナートの転生者で、即位してボグト・ハーンとなる）が指名される。

ボグド・ハーンの独立宣言（一九一二）は全モンゴルに非常な衝撃を与えていった。モンゴル社会は熱気に包まれ、各地から独立を目指す諸部族（ハルハ族やバルグ族）や志士たちが続々とは せ参じた。

前述のレジスタンスを続けていたトクトホ・タイジもやってきて国防次官に就任した。後に内モンゴルで挙兵するバボージャプ将軍も駆けつけた。ホロンバイル（旧満州）の英雄ダムディンスレンも配下（バルガ族）を連れて合流した。彼らはいずれも独立した外モンゴルとの合併を口々に申し出た。

かくして、陸続として集まったモンゴルの諸士・諸族は、活仏政府の独立を機に、内外モンゴルの統一を決定した。もはや、独立も身近なものと思われた。事実、右のダムディンスレン率いるモンゴル軍は、行く先々のモンゴル諸族を糾合しながら、北京北方二〇〇キロのドロンノールまで迫っていた。

だが、この時統一派は、決定的な挫折を味わう。

まず、一九一二年の露蒙協定でモンゴルの自治（独立ではない）を認めていたロシアが中国と交渉を行い、露中宣言を発表する。

これが曲者だった。

その結果、「外モンゴルは中国の宗主権の下、自治権のみを認め、内モンゴルに関しては何の言及もされることなく無条件の中国領土」となってしまった。

むろん、モンゴル政府（ボグド・ハーン政府）はこれに激しく反発する。

この場合、なぜロシアが内モンゴルに言及しなかったかには理由がある。

交渉相手の中国への配慮もさることながら、この時ロシアは日本との第三次秘密協定（一九一二）で内モンゴル分割を取り決めていたからだ。即ち、北京を中心に、その東側を日本の勢力範囲、西側をロシアの勢力範囲と認め合っていたのである。

日露は四度の日露協約を結んでいる。

まず、日露戦争直後の一九〇七年に第一次日露協約が結ばれる。そこで日本は朝鮮と南満洲の権益を主張し、ロシアは外モンゴルと北満洲の権益を主張して、それを互いに承認し合う。これは日露戦争の結果でもあり、ごく常識的な取り決めと考えられる。

第二回（一九一〇年）は、アメリカが南満州鉄道の中立案（ノックス案）を提示したため、これを両国で阻止することが眼目だった。つまり、アメリカの割り込みを排除しようとしたのである。これまた、両国の利害が一致しての結論で、とりわけ不自然なことでもない。

だが、第三回（一九一二）の内モンゴルの扱いはきわめて理不尽なものであった。結果は右の通りの分割案が秘密裏に結ばれるが、これはまさに帝国主義国同士の典型的な取り決めだった。むろん、モンゴル側はこの時、両国の密約をまったく知らない。

ちなみに、第四回（一九一六）は、中国その他の第三国が日露の権益を脅かすことを阻止する内容が話し合われた。

いずれも、日露両国が、戦後の権益確保に向け、共同して事に当たっていることがうかがえる（だがそれも、一九一七年に勃発したロシア革命で全て御破算になってしまうのだが）

以上がこの間の秘密協定の内容だが、これから見ても分かる通り、第三次日露秘密協定で、ロシアは内モンゴルに介入する積極的意図を失くしていた。そのため、露中宣言にも、その影響がもろに出て、宣言文には外モンゴルのみの扱いに終始し、内モンゴルの権利・権益は除外されることになる。

まさに、小国の悲哀である。彼らは、自らの与り知らぬ場で、自らの居住区を分割されていたのである。

その後、窮地《きゅうち》に陥ったモンゴルが採った政策が、チベットとの間に交わされた相互独立承認だったが（一九一三）、いかんせんその影響力は限られた。

その露中政府が両国の共同宣言をボグド政府に押しつけるため開いたのがキャフタ会議である（一九一二）。

その席上、モンゴル側は懸命に自らの主張を述べ立てた。彼らの背後には、内外モンゴル統一を期して参集した志士たちの願いがある。大国との取り決めだからと言って、そうやすやすと引きさがるわけには断じていかない。モンゴルは、せめて外モンゴルの独立だけでも認めるよう英・仏・日本・オランダ等に要請したが、色よい返事は得られなかった。

ちなみに、露中宣言をモンゴルに押しつけるために開かれたこの会議は、延々九ヶ月に及び、会談は四〇回以上にも及んでいる。

モンゴルの代表は、まず言った。

「内外モンゴルは一括し、モンゴル国として承認され、その独立を認められなければならない」と。

さらにモンゴルの悲願を繰り返し主張し、とりわけ内モンゴルを自国領に組み込まんとする中国代表に食い下がった。

「考えてもらいたい。それまで中国を支配していたのは、満洲族の清朝ではなかったか。その統治下では、われわれも漢人も同じ支配される立場にあった。したがって、清朝が倒された今、両者は互いの自決権を認め合う関係であるべきだ。しかるに、あなた方漢人はわれわれモンゴルの居住地を自らの領土だと述べたてる。何という理不尽か。われわれはこうした主張を認めることは断じてできない」

だが、いかんせん力に差があり過ぎた。

外モンゴル・ボグト政府は中露の圧力に屈する形で矛を収め、その自治権と引き換えに内モンゴルに展開していた独立軍の撤収を約束し、内外モンゴルの統一を放棄した。

収まらなかったのは、内モンゴルから馳《は》せ参じた者たちだった。それでも大半は断腸の思いで兵を引くが、踏みとどまった者もいた。

ババージャップ将軍である。

彼は、断固撤兵を拒絶して戦闘継続を宣言する。そして、川島浪速ら日本人の蒙古独立支援者と決起する道を選んでゆく。

その時彼らが採った作戦が以下のようなものであった。

「責任者たる川島は粛親王《しゆくしんのう》と連絡を取りつつ大連に渡り、入江ら粛親王の第七王子憲王を奉じて馬賊隊を結成して遼陽東方の山に立てこもり、反袁の火の手をあげて中国軍を引きつけることになった。その間に青柳らがパプージャブ軍に合流して興安嶺（モンゴル高原の西側にある山脈）を越えて満州に侵入、そこに、各地に準備を整えていたいくつかの特別部隊が蜂起、中国軍が混乱に陥る中で奉天城を攻めて手中に収め、仮政府を樹立、その上で万里の長城を越えて北京を攻め、内蒙古から満州、北京を含む一大王国を建設、清朝最後の皇帝宣統帝を擁《よう》して国家を固めるという広大な構想だった」（『満蒙独立運動』波多野勝、ＰＨＰ新書）

今から見ると、荒唐無稽《こうとうむけい》のものに見える。いや、当時からもそうした批判は多かったが、作戦は遂行された。軍資金は、成功報酬を餌にして資本家から巻き上げ、武器弾薬は中国側にも日本側にも知られぬよう、味噌樽や沢庵樽に詰め込んで秘密裏に輸送してゆく。

今度は、準備が整った。蒙古独立義勇軍は、勇躍進軍を開始した。彼らは予定通り、興安嶺を横切って進んでゆく。

その数、およそ三千人。

遊牧民の戦闘参加は、定着民のそれとは違う。伝令が飛ぶと同時に、一斉に参集してくる。その中には日本人義勇兵も参加していた。樺島風外を総帥とし、かの戦国大名伊達政宗の末裔・伊達順之助ら大陸浪人が名を連ね、これに偽装された関東軍正規兵が加わっていた。

その蜂起軍が本格的に張作霖《ちょうさくりん》軍と交戦したのが、一九一六年六月のことであった。場所は郭家店。この満洲本線の要衝を落とし、奉天を目指すのが当面の作戦だった。

戦いは、関東軍の砲兵と機関銃部隊の援護の下で始まった。それを合図にバボージャブの騎兵隊が突撃し、敵は総崩れとなり勝利を博する。彼らの士気は嫌が応でも高まった。

だが、ここで、予想外の事件が起こる。

当時の北京政府の主席たる袁世凱《えんせいがい》が突然死去したのである。

これで、日本側のモンゴル支援が打ち切られた。

実は、袁世凱打倒は、日本の閣議決定となっていた。

公式の閣議で、外国の主席排除（殺戮《さつりく》）を決めたのは後にも先にもこの時だけだが、袁の死亡で、それが無効になってしまった。

当然、バボージャブ軍に参加していた関東軍は兵を退《ひ》く。

たちまち、バボージャブ軍の戦闘力は半減した。弾薬は欠乏し、山砲や機関銃など近代兵器も今はない。

もとより、苦戦が続いてゆく。

ついに、九月一日。バボージャブは撤退を決意した。独立軍は張作霖軍と休戦協定を結んで撤退を開始する。

ところが、張作霖軍がその協定を破り捨て、追撃を加えてきた。おそらく、この際、二度と蜂起ができぬよう、徹底して叩いておこうとしたのであろう。

さすがに、これは見過ごせなかった。日本軍守備隊が加勢して、何とか窮地を救い出す。

だが、状況が苦戦であることに変わりはない。

その一ヵ月後。本拠ウジムチンを前にして、その南方の林西城攻略を試みた時のことである。

バボージャブは、騎馬突撃を敢行し敵陣に突進したが、機関銃の掃射を浴びて戦死する。

これが、川島浪速らが画策し、日本政府も支援した第二次満蒙独立運動の顚末である。

ここに、内モンゴル独立運動は、第一次満蒙独立運動に続き、またもや挫折せざるをえなかった（第一次独立運動は英国に気がねした日本政府の介入で中止）。

この戦いは関東軍の裏切りにより敗戦となったため、モンゴル人の間では非常な不評を買っているが、日本人義勇兵が踏みとどまって戦ったため、かろうじて日本の名誉が保たれる結果となっている。


次いで、日本が肩入れしたのが、モンゴル系ブリヤート人を母とするコサックの首領セミョーノフ将軍である。彼の唱える「汎モンゴル主義運動」はモンゴル人の間に広がりを見せ、一九一九年には内外モンゴルを糾合した汎モンゴル国建設会議を開催する。

同会議では、首都をハイラルに設定し、第一次大戦後に開かれたベルサイユ会議に代表団を送り込むことを決定し、日本からも財政的支援を受けるが、外モンゴルからの反対に遭って挫折し、翌年には解散の憂き目に遭う。

その結果、モンゴル独立運動はソビエトの影響が強められ、同時に中国国民党の介入が露骨になる。

一九一九年。この年、安福派の段祺瑞《だんきずい》（中国軍閥）の部下である徐樹錚《じょじゅそう》がボグド・ハーンの王宮を包囲し、その武力をもって外モンゴルの自治返納を強いて来る。やむをえなかった。外モンゴル政府は、屈辱に身を震わせながら、中華民国の足下にひれ伏した（一九二〇）。ただ、それは、モンゴル人の独立心に着火して、ソビエトの支援の下、外モンゴルの独立につながるのだが……。


ちなみに、この独立運動（全モンゴルの統一と独立）が挫折するもう一つの要因が、その直後に起こっている。

一九二二年にワシントン会議で結ばれた「中国に関する九ヵ国条約」である。

その第一条第一項には次のように書かれている。すなわち、「支那の主権、独立ならびにその領土的および行政的保全を尊重する」と。この結果、清朝統治下の全領土を引き継ぐことになる。

これが後々少数民族の独立を大きく制限することになる。

われわれはワシントン会議というと、すぐさま米英日の三ヵ国による海軍軍縮条約（その主力艦比率を五対五対三にする）を思い出すが、そのすぐ傍で中国の領土・主権が討議されていたのである。

（二）内モンゴル独立運動

さて、このバボージャブは日本とは密接なつながりのある人物で、その関係は日露戦争にまで遡る。この時日本は、満洲義軍を組織してロシアと対峙していたが、バボージャブも配下を率いて参加していた。

満洲義軍は、玄洋社・安永東之助らの肝煎りで提案され、満洲軍総司令部参謀の福島安正の同意を得、陸軍少佐・花田仲之助が現地指揮を取っている。

玄洋社は、旧福岡藩士の中央政権に対する決起を背景に結成された政治結社で、箱田六輔、平岡浩太郎、頭山満らが参加している。その綱領には、皇室の敬戴《けいたい》、本国の愛重、人民権利の護持を掲げており、情勢に応じて国事に関与し、またアジア主義の旗の下、同社からは多くの国士や大陸浪人を輩出している。

当時の日本（明治初期）は、維新の火種が未だくすぶる激動期にあった。ために、国中は混乱し、かつ熱狂し、体制反体制を問わず、何事かなさんとする青年の血は沸き立っていた。

こうした時期に玄洋社はできている。その原型となる事件が武部小四郎や越智彦四郎の乱であった。

武部や越智らは、維新政府の乱行に憤激し相次いで蜂起するが、鎮台や警察に先手を打たれて鎮圧され、逃亡を余儀なくされる。

その武部が西郷らに合流すべく福岡県夜須郡まで逃れてきた時、彼らと謀議を図ったとの廉《かど》で少年らが捕縛され拷問されていることを聞き知った。その中には、後に玄洋社に参加する健児社のメンバーがおり、いずれも営倉に入れられて処刑を待つ身になっていた。

それを聴き知った武部は、すぐさま福岡に引き返し、自ら名乗り出、少年たちの助命と引き換えにその身を供したのである。「蜂起の一斉の責任は我にある。健児社の少年らは謀議に参画していない」と。

むろん、結果は処刑である。

「健児社の連中は、広い営庭の遥か向こうの獄舎に武部先生が繋がれていることをどこからともなく聞き知った。多分獄吏の誰かが、健気な少年連の態度に心を動かして同情していたのであろう。武部先生が、わざわざ大分から引返して来て、縛《ばく》に就かれた前後の事情を聞き伝えると同時に『事敗れて後に天下の成行を監視する責任は、お前達少年の双肩に在るのだぞ』と訓戒された、その精神を実現せしむるべく武部先生が、死を決して自分達を救いに御座ったものである事を皆、無言の裡《うち》に察知したのであった。

その翌日から、同じ獄舎に繋がれている少年連は、朝眼が醒《さ》めると直ぐに、その方向に向かって礼拝した。『先生、お早う御座います』と口の中で云っていたが、そのうち武部先生が一切の罪を負って斬られさっしゃる……俺達はお陰で助かる……という事実がハッキリわかると、流石に眠る者が一人もなくなった。毎日毎晩、今か今かとその時機を待っているうちに或《あ》る朝の事、真白い霜。月の白い営庭の向うの獄舎へ堤灯が近付いてゴトゴト人声がし始めたので、素破《すわ》こそと皆蹶起《けっき》して正座し、その方向に向って両手を支えた。メソメソと泣出した少年も居た。そのうちに四五人の人影が固まって向うの獄舎から出て来て広場の真中あたりまで来たと思うと、その中でも武部先生らしい一人がピッタリと立佇まって四方を見まわした。少年連のいる獄舎の位置を心探しにしている様子であったが、忽ち雄獅子の吼えるような颯爽《さっそう》たる声で、天にも響けと絶叫した。

『行くぞオォ――オオオ――』

健児社の健児十六名。思わず獄舎の床に平伏して顔を上げ得なかった。オイオイ声を立てて泣出した者も在ったという」（『近世快人伝』夢野久作、文芸春秋）

後に奈良原到は、そのことを後に次のように語っている。

「あれが先生の声の聞き納めじゃったが、今でも骨の髄まで沁み透っていて、忘れようにも忘れられん」（前掲書）と。

玄洋社とは、こうした国士の血によって刻印された結社であった。

その後、玄洋社は、時局が分岐を迎えるたびに、心命を賭した行為に走るが、その一つが右の満洲義軍の創設だった。

現地では、馬賊や中国人士に呼びかけて軍団を組織し、一時は五千人を数えるまでになっていた。活動場所は主として鴨緑紅《おうりょくこう》一帯で、この地を管轄していたロシア・マドリエフ軍を大いに悩ませたという。この満洲義軍の武装偵察隊にバボージャブは参加していた。具体的には長沼挺身隊に加わり、ミシチェンコの騎兵隊と対峙していた。

一方、日本の騎兵本隊は、ロシアのコサック騎兵と対峙していた。日本騎兵を指揮するのは秋山好古。いち早く騎兵の有効性に着目し、フランスの騎兵戦術を日本に移入し、近代騎兵の父と呼ばれた男である。

だが、その背景には、「モンゴル騎兵の歴史があった」と楊海英《ようかいえい》は述べている。日本に帰化した内モンゴル出身の文化人類学者である。

つまり、ヨーロッパを席巻したモンゴルの騎兵戦術がヨーロッパに取り入れられ、そのヨーロッパで近代化された騎兵戦術が日本に伝わり、日本がそれを改良し大陸の戦闘に応用したというわけだ。

むろん、モンゴル人自身もこの一件に参画している。

先のバボージャブの例もそうであるが、その動きが本格化するのは、満洲国建国後に設立された興亜軍官学校に依る。

同校には五族協和の建て前から、諸民族が入学をしていたが、モンゴル人は優遇され、また非常に優秀だった。

　彼らがいかに騎馬に向いていたかは、右の楊海英が誇らしげに『満洲国軍』を引用して次のように述べている。

「戦闘に勇敢なことは何人もこれを認める。これは蒙古人の伝統的な特徴である。馬術もまた得意とする所で実に巧みである。荒馬に鞭打って襲歩のまま手綱《たづな》（韁《たづな》）を放して射撃をしたり、長駆四時間にしてよく八十キロ追撃を敢行する戦力がある。……成吉思汗《チンギス・ハーン》の後裔たるに恥ずかしくないものがあり、最後の突撃の如きは操典通りに見事に行われ、これを見た教育担当の日系軍官は戦場であることを忘れて思わず感涙にむせんだ」

　同じ騎兵でも、日本人だとこうはいかない。また、馬も違った。日本で生まれ育った軍馬は、モンゴル馬に太刀打ちできなかったのである。

　ただ、さすがにこれだけでは近代戦は戦えない。モンゴル騎兵は、近代の軍事技術をマスターする必要に迫られていた。

　そこへ、興亜軍官学校の開校である。たちまち同校は憧れの的となり、そこに入学したとなると、非常なエリートとして扱われた。また、日本の陸軍士官学校に入学するモンゴル人もおり、その中にはバボージャブの遺児たちもいた。ノンナイジャブ、ガンジョールジャブ、ジョンジョールジャブの三人だが、いずれも川島浪速が引き取って育て上げた遺児である。その次男が川島浪速の養女である芳子と結婚している。清朝の皇族・粛親王善耆《ぜんき》の娘で、後に満州で活躍し「東洋のマタハリ」、「男装の麗人」と呼ばれた女性である。

(三) エピソード――内モンゴルに関わった日本人

右のモンゴル独立運動には、かの安田財閥の総帥・安田善次郎を刺殺した朝日平吾もバブージャブ軍に参加していた。彼は、内モンゴル独立運動の挫折を経て日本に帰国してくるが、その時見た日本社会の惨状に驚愕《きょうがく》し、かつ義憤を感じ、その元凶たる財閥総帥の暗殺を試みる。

「お前のような者がいるために陛下の赤子は苦しみにあがく。天誅だ！」と。

朝日の短刀が一閃し、逃げる安田を追い詰めて止めを刺した。と同時に、その死を見届けた後、床の間を背に正座して、自らの頸動脈を切り裂いた。

『斬奸状《ざんかんじょう》』に曰く。「財閥は己の私利私欲のみを図り国家の危機を省みず、その猛省を促さんとするために一人一殺の挙に出た」と。

また、その思いを北一輝に告げるため『死の叫び』を送付した。

「最後に予の盟友に遺す。卿ら予が平素の主義を体して語らず騒がず表わさず、黙々の裡にただ刺せ、ただ衝け、ただ切れ、ただ放て、しかして同志の間往来の要なく結束の要なし、ただ一名を葬れ、これすなわち自己一名の手段と方法を尽せよ。しからばすなわち革命の機運は熟し随所に烽火《ほうか》揚り同志はたちどころに雲集せん。夢々利を取るな、名を好むな、ただ死ね、ただ眠れ、必ず賢を取るな、大愚を採り大痴を習え。われ卿らの信頼すべきを知るが故に檄《げき》を飛ばさず予の死別を告げず、黙々として予の天分に往くのみ、ああそれ何らの栄光ぞや、何らの喜悦ぞや」（カタカナ部分はひらがなに変換）

北はそれに強く打たれ、朝日の霊前に一筆をしたためた。

「古今東西の史上、刺客として心事行動の玲瓏《れいろう》剛毅君に比肩すべき者ありしか」（朝日平吾霊前の書翰《しょかん》）と。

この右翼の壮士も、モンゴル独立運動に関わった一人であった。

次に紹介するのが、大本教聖師・出口王仁三郎のモンゴル脱出劇である。

あえて脱出と断ったのは他でもない。

彼は保釈の身の上であったのだ。

当時の大本教は明治維新に次ぐ第二維新論（第二の岩戸開き）が問題とされ、また青年将校とのつながりからクーデタ事件の関与が疑われ、遂には自らの精魂込めて創り上げた月宮殿を一五〇〇発のダイナマイトで吹き飛ばされる大弾圧を被っている。

その弾圧を一身に受けたのが出口なのだが、この人物が面白いのは「狭い日本でごちゃごちゃしているのは真っ平だ」とばかりに日本を脱出し、モンゴル独立運動に身を投じていたことだ。

彼は思った。「モンゴルの地に世界平和の礎となる理想郷を築くのだ」と。

もともと、冒険志向の強かった出口である。

モンゴルに解き放たれるや、水を得た魚のように、活動をし始める。

出発前に謳った彼の歌が残っている。

「日地月合わせて作る串団子、星の胡麻かけ喰う王仁口」

大陸では、張作霖からの委任状を託された将軍・盧占魁《ろせんかい》と行動を共にする。盧は、当時東三省陸軍中将との肩書を持っており、かつては庫倫《こりん》（現在のウランバートル）に攻め入り、新疆・雲南にまで足を伸ばし、奉直戦争にも参加した猛者であった。その彼を配下（上将）にし、自らは太上将（ダライ・ラマを自称）となり、パンチェン・ラマを名乗る松村真澄（上将）を従えながら、庫倫目指して進み始めた。

そのところを『巨人出口王仁三郎』（出口京太郎）によると、次のようなものとなる。

「万民和楽の礎を築く計画は、はじめのうちは順調だった。梅棹忠夫（後の民族博館長）もしるしている。『……当時の新聞によると、蘆の陣営には、大本の紋章たる日月地星の軍旗がひるがえり、その旗下には精鋭三千余騎が、出口王仁三郎氏を擁していた』という。進むにつれて、『聖者来たる』のうわさはたちまちひろがり、人民は群がり集まって王仁三郎を拝んだ。モンゴルにおける大本王国は、実現の端緒についたかに見えた」と。

事実、出口は行く先々で歓迎を受け、病気治しや雨乞い成功とも相まって、大活仏、ジンギスカンの再来とまで称されることになる。

だが、進軍もここまでだった。

そもそも、当時の庫倫はソビエト赤軍の駐留がなされている。その攻略は難しい。加えて、それまで行軍を黙認していた張作霖が、王仁三郎一行のあまりの成功に危機を抱き、配下の闞《かん》朝爾《ちょうじ》（旅団長）に誅伐《ちゅうばつ》を命じ、蘆軍を一網打尽にしてしまう。

かくして、蘆は銃殺。王仁三郎や、彼に同行した合気道の創始者・植芝盛平ら日本人も銃殺隊の前に立たされて風前の灯となった。これを、大本教では「パインタラの遭難」と呼んでいる。出口もその時は覚悟を決め辞世まで詠んでいる。

「身はたとえ蒙古の野辺に曝すとも日本男子（やまとおのこ）の品はおとさじ」と。

ただ、ここで、一行の身に僥倖が起こる。急を聴いた日本領事館が介入したからである。

かくして、王仁三郎の蒙古遠征は終わりを告げるが、その結末は王仁三郎にとっては痛し痒しのものだった。彼は、狭い日本に再び送られ、大阪の未決監獄（当時は不敬罪で裁判中）に逆戻りしてしまう。

だが、これは、ただの護送ではなかった。大衆が王仁三郎の帰還を一目見ようと押し掛けたからである。

「王仁三郎は七月二十五日に下関に上陸し、途中、広島県の大竹署、岡山県の笠岡署、兵庫県の上郡署、神戸相生署、大阪の曾根崎署、天満署をへて北区にある大阪刑務所にいたるのだが、これは伝逓《でんてい》護送とかいうシステムによるためだそうだ。ともかく大群衆が船着き場や各駅に歓声をあげて押しかけ、プラットホームも駅前広場も大混雑した。取材の新聞記者やカメラマンも右往左往すれば、警護と整理に警官は声をからし汗だくになるという状態だった」（前掲書）

王仁三郎は、密かに日本を脱出し、大群衆の迎える中で帰国を果たしたのである。

以上が、彼のモンゴル遠征の顚末《てんまつ》だった。

最後に、王仁三郎のもたらした裁判中のエピソードを一つ添えて、終わりとしたい。

右の裁判でのことである。王仁三郎は、裁判長に「人虎《じんこ》孔裡《こうり》に堕つ」という禅問答を吹っ掛ける。つまり、「虎の穴に墜ちた場合、どうするか」との問いである。

むろん、この場合、裁判長が虎であり、王仁三郎が人であるが、もし立場が入れ替わり、あなたならどうするか、と聞いているのだ。

いきなり問い詰められた裁判長は答えられない。答えに窮して黙っていると、代わって王仁三郎がそれに答える。

「人間より虎の方がつよいから逃げようとすると喰い殺される。刃むかって行っても同じことだ。しかし、ジッとしていても虎が腹がへってくると殺しにくる。どっちにしても助からない。けれど、ひとつだけ生きるみちがある。

それは食われてはだめだ。こちらから食わしてやるのだ。食われたらあとにはなにも残らんが、自分のほうから食わしてやればあとに愛と誇りとが残るのだ」(前掲書)

裁判長はさすがに胸打たれるところがあったと見え、「うーん」と深いため息をついたという。つまり、王仁三郎は、裁判長に向かい、「君たちが私を裁くのではなく、私が君たちをして裁かせてやっているのだ」と言ったのである。

王仁三郎の有名な「虎穴問答」である。

日本史上稀に見る逆賊とされた王仁三郎は、その実傑出した宗教家であり、かつモンゴルにも足跡を残した社会運動家だったのである。

次いで、内モンゴル初の女学校に赴任した河原操子を挙げて見たい。

操子は、漢学者の父(河原忠)と母しな子の一人娘として明治八年(一八七五)に生まれている。

その父の影響を受けたのであろう、当時の女性としては稀である高等教育を受ける機会を得、長野県師範学校女子部を卒業、次いで病気退学はしたものの後に東京女子高等師範学校にまで進学している。

その後、当時の女子教育第一人者であった下田歌子に見出され、横浜の大同学校から上海の務本女学堂に赴任し、海外での女子教育に当たっている。

その経歴が認められたのであろう。当時の内田康哉北京公使の誘いを受け、内モンゴルのカラチン王府に設立された毓正《いくせい》女学校に赴任する。同校は、同王府に設立された初めての女子校で、これを見ても彼女に託された期待のほどがうかがえる。事実、その期待を帯びた操子はよくその任を果たし、王や王妃の絶大の信頼を受けるに至る。

それは、「我は我が最善を尽くしてその使命の遂行に当たりたれば、王・王妃は身に余る光栄と感ずるまで我を信任され、生徒は衷心《ちゆうしん》より我に懐きて尊敬し、土着民は我を異邦人と見ずして親しめり。王妃のごときは屢々『先生どうぞ蒙古の人になって下さい』と、真情のこもれる有難き御言葉を賜りぬ」との記述からも推測できよう。

操子は、日本の海外教育の先陣を切るすぐれた教育者としてあった。

だが、同時に内モンゴルに赴任する彼女には、今一つ重要な任務が託されていた。

彼女の赴任が明治三六年（一九〇三）であったことに注目してもらいたい。それは日露開戦直前に当たっている。そのため、軍部は優秀な情報員をカラチン王府に送り込む必要を持っており、その白羽の矢が立てられたのが操子だった。

では、なぜカラチン王府が重要であったのか？

それは、その地政学的理由と王家の内情にあった。

当時の内モンゴルは日本とロシアの狭間にあり、とりわけカラチン王の勢力範囲は王府のある熱河からロシア国境に伸びており、王府の北には鉄道の要衝である赤峰が控えている。これは、対露戦を考えた場合、重要な位置を占める。ロシア軍の南下がその進路に当たるからだ。

次に、カラチン王家の内情だが、ここに嫁いでいたのが親日派の粛親王（清朝の皇弟）の王妹であった。

となれば、カラチン王家をロシアから引き離し、中立もしくは日本側に引き寄せる要因になること間違いない。そこで、日本の国情を披歴し、その理解を深めるため大阪で開かれた内国勧業博覧会にカラチン王（コンサンノールシー）を招待している（明治三六年）。

これが、王の心を一新させた。

王は、日本の発展に思うところがあったようで、帰国後に教育の必要性、中でも立ち遅れていた女子教育の必要性を痛感し、女学校の設立とそれに伴う日本教師の派遣を求めてくる。

そこで操子の登場となり、その任務が女子教育と情報収集となった次第である。

ちなみに、操子がどれほどその役割に邁進したかは次の記述からも明らかである。

「特別任務班を出発させた三月三日から九月の末まで、操子の君が、露国側の策動を偵察しては軍部に報告し、蒙古民の情勢に変ったことがあれば通信して、我軍部に警戒させたり、機先を制しめるように努力したのは、我軍にとっては多大な便宜でした。従って親露派の官吏が、君に対する疑いと憎しみとは、何時となく加わって来ましたが、王室の教育顧問という公職を帯びている人であるために、表面からは手の下しようも、抗議の出しようもないものですから、暗殺を企てたり、毒殺を目論む者も出て来まして、君の身辺は実に危険を極めました。それを王妃が細心のご注意を持って庇護せられましたので、幸に異変を生じませんでしたが、君としては十分に覚悟を決め、何時倒されるような事があっても、死後の見苦しくないようにと、いつでも肌着まで清潔にし、荷物はキチンと整理して、学堂の義務その他も、その日その日が最後になっても差支えないよう、整然と処理しておかれました。『万一の場合は、露人の手などにかかりて最後を遂ぐるような事なく、美事に自刃《じじん》せん覚悟にて、国を去るにのぞみては父より授けられた懐剣を寸時も放す事なく、ピストルを身近く備えておけり。』と日記に書かれたのはその頃の事です」（『カラチン王妃と私』福島貞子記、芙蓉書房）

だが、それは、そうした困難にも増して、幾多の悲劇を目にすることになってしまう。

日露開戦と共に、ハイラル方面の露軍攪乱《かくらん》を目指した日本陸軍が十二名の決死隊（右の特別任務班）を結成し、それがカラチン王府に立ちよることになる。操子は彼らの便を図り、心づくしの宴を開き送り出すが、その結末に心痛める。決死隊は二隊に分れ、一隊はかろうじて鉄道の爆破を果たし帰還するが、他の一隊は二名がロシア守備隊に拘束され、他の四名も馬賊に襲われ殺される。

拘束された横川省三と沖禎介は、現地司令部に護送され、次いでハルピンに移される。

そこで軍法会議にかけられるが、弁明を求められるも一言の弁明もすることなく処刑を申し渡される。

その態度に感じ入ったチチャコフ中将がクロパトキン将軍（ロシア側最高司令官）に減刑を願い出るが、次のような返答が返ってきた。

「自分（クロパトキン）は、日本人の特性をよく知っている。日本人は、一度志を決して大任に当った以上、事敗れて捕虜となるような場合、生還を欲するような国民では無い。自分が知っている日本人の性情では、たとえ軍法会議が赦《ゆる》したとしても、彼等は日本武士の名のために、どこの果かに自らの生命をたつ事は必然である。その結果、亡骸を山野に曝《さら》し、虎狼の腹を肥させる事は、情に於て反って忍びない。尊敬を拂《はら》って銃刑に処せよ。それが彼等に対する最上の好意である」

当時のロシア軍人の日本人観がうかがえる。

だが、真にロシア側を驚かせるのは、そのことではない。処刑を申し渡された後のロシア側への申し出だった。

彼らは、チチヤコフに死刑の当日面会を求め、こう述べる。

「我らの所持金一千両《テール》を露国赤十字社に寄付したい」と。

あまりの申し出に驚いたチチヤコフが、その真意を測りかね、

「それは君等の家族に送る方がよかろう」

と述べると、

「我等の天皇陛下は、国のために身を捨てた者の遺族を決して見捨て給うことはない」との返答がなされ、次いで、

「この金は、貴国の傷病軍人を慰める事に使ってもらいたい」と述べ、その由を以下の遺書にしたためる。

「銀五百両ノ一件ハ、二人相談ノ上露国赤十字社ニ寄贈ニ決シ申シ候。何レ不肖等ノ後事ハ、日本政府其事ニ任ズベシト存候」と。

これは露国側に非常な衝撃を与えたようで、それが人口に膾炙《かいしゃ》することになってゆく。この逸話を紹介した福島貞子は横川がロシア正教徒であったことが大きな要因ではなかったかと推測し、次のような言葉で締めくくっている。

「以上はこうして横川は、己の敵を愛すべき教を実行に移して、敵国の傷病兵への心からなる同情を露国赤十字寄付という形に現し、今や地上の生命を終らうとする際の慰安を望んだのは、神の愛を理想とするキリスト教正教徒としての偽らない願い心であると、誠に有難く思われますし、また沖が、信仰は異にしていても、真の友が最後の悶えに同情して、その提議に心から和した純情も、限りなく嬉しいことです」(前掲書)。

操子が生きていたのは、こうした戦乱のただ中にある異郷の大地であったのだ。

最後に、終戦当時駐蒙軍司令官であった根本博の例を語ってみよう。

それは、昭和帝の終戦の玉音放送から始まった。

「朕深く世界の大勢と帝国の現状とに鑑み非常の措置を以て時局を収拾せんと欲し茲《ここ》に忠良なる爾《なんじ》臣民に告ぐ。朕は帝國政府をして米英支蘇四國に対し其の共同宣言を受諾する旨通告せしめたり……」

玉音を聞く根本の思いは察するに余りある。参謀の中にもあまりのことに呆然とし、涙する者もいたという。

だが、根本に感慨にふける時間はまったくなかった。

ここは内地とかけ離れた異郷の地である。しかも、ソビエト赤軍が堰《せき》を切って満洲へ雪崩込み、ここ張家口（内モンゴルの州都）にも迫っており、かつ駐蒙軍に加え四万の邦人が滞在している。これを無事に保護して帰国させる義務を持つ。と同時に、ポツダム宣言が受諾され終戦の詔が出た以上、武装解除をしなければ反乱と見なされる。この二つの板挟みが彼を苛《さいな》む。

だが、最後に彼はこう決断する。

「ソビエトに対する武装解除は断固拒否する。その責任は一切負う」と。

この瞬間、駐蒙軍と邦人の安全が確保された。

周知の通り、満洲の関東軍は武装解除した結果、赤軍の捕虜となり、逃げ遅れた邦人もあるいは死に、あるいは子供を置き去りにしなければならなかった。戦後のシベリア抑留や残留孤児問題はすべてこの一件に帰着する。

その危険を根本は回避したのだ。

ちなみに、小村は内蒙の工作員であった関係で、幾度か根本と会っており、その人となりをこう評していた。

「度胸のある人でなあ。人の言うこともよく聞いて、度量のある人だった。ただ、えらく飲んべえで、一升酒などほんの序の口という人だった」

しかし、この飲んべえが幸いし、二・二六事件の折、飲みすぎて帰隊できず、そのため命拾いをしたというエピソードが残っている。この話はどうやら隠す必要がなかったようで、「酒で身を持ち崩す者の話は多くあるが、わしは酒のせいで命拾いした。酒はわしの命の恩人じゃ」

と述べ呵々《からから》大笑していたという。

まことに豪快な男である。

だが、こうなれば赤軍との戦いは避けられない。

八月一三日に始まった戦闘は、終戦を迎えても停止せず、一六日まで続いてゆく。

赤軍は、頑強に抵抗する駐蒙軍の陣地を抜けず、手こずっていた。

そのため、一七日に入り、降伏を促す使節を派遣してくる。

「降伏しろ。さもなくば指揮官は戦争犯罪人として処刑する」と。

駐蒙軍司令部は賛否両論が並列し、激論を戦わされることになる。

そこで、根本の判断に委ねられるが、その折の状況は次のようであったという。

「根本が部屋に入ってきた。

参謀全員が起立して司令官を迎えた。根本は全員が集まっていることを確認すると、ゆっくり席につき、一同を見まわした。

参謀たちは息を呑んで軍司令官の言葉を待った。

『諸君』

と、根本は口を開いた。

『私を戦犯にすると言うごときは児戯に類することである』

根本はそう言った。静かな口調だった。

『ソ連は、私を戦犯にするとのことだが、私が戦死したら、もはや戦犯にしようとしても不可能ではないか。もし、諸君の中に(戦闘継続に対して)躊躇する者があらば、私自身丸一陣地に赴き、ソ連軍軍使を追い返そう。もし、不可能ならば、私自身が戦車に体当たりして死ぬだけのことだ。

——中略——

その瞬間、参謀たちは総立ちとなった。

『司令官の決心はよくわかりました』

『承知いたしました!』

『ソ連軍軍使を拒絶帰還させるのは我々が直接やります!』

『司令官は、司令部に留まって頂きます』

中には、涙を流しながら、そう叫ぶ参謀もいた。駐蒙軍の方針は決定した」(『この命義に捧ぐ』

角川文庫　門田隆将）

むろん、武装解除を拒否したことで、戦闘は継続した。白兵戦も含めた激戦となり、かろうじて赤軍の進撃を食い止めた駐蒙軍は、張家口から北京に撤退を完了した。

それを出迎えた松永少将は「感極まり、ただ涙があふれ出て、感謝と慰労の言葉さえ述べることができなかった」（前掲書）という。

では、内蒙のさらに奥地にいた小村らはどうであったか？

具体的には、戦争の激化に伴い、実質的な活動ができなくなったため、解散状態になってゆく。小村自身も昭和一九年に山西省に応招した。最後に残った事務長の高橋主計も終戦直前に応招し、八月にソビエトの侵攻の折には、蒙古善隣協会の理事・須田正継が手元にあった資料や蔵書を現地の「純一善社」に寄贈したのが最後の記録として残っている。

ただ、戦時中（日中戦争）も含めて、関係者や塾生の中に犠牲者が出ていないことは言及するに値する。

それは、現地との関係が良好であったことを意味している。通常なら、占領者の常として、現地との諍いが多発しているはずなのだが、それがほとんど見られない。とりわけ、興亜義塾塾生との間にトラブルはまったく見られない。

その要因は塾訓からも了解できる。

「少数民族を友とせよ」と。

これが、単なるスローガンでなく実践されていたことは、後に書く西川一三（興亜義塾回教班二期生）が、支那人とトラブルを起こし、思わず殴りつけてしまった結果、即退塾処分を受けたことからもうかがえる。事情はともあれ、塾訓に背き現地人を殴ったことが問題であったのだ。その後、西川はその行為を謝罪して塾に復帰し、卒業後チベットへと旅立つが、それだけ現地の者との交流が重要視されていたということだ。

だが、そこにはやはり日本人としての限界も存在した。

まず、日本人の保護下にあったウイグル人亡命者（独立の志士）は行き場を失い、突撃するように故地東トルキスターンへと向かい、そのほぼ全員が死に至る（行方不明者も若干含む）。

これは前述した小村の『日本イスラーム史』に出ているが、そこに両者の壁が垣間見える。

というのも、小村の言では「終始一貫、西に向けて進撃する手立てを探っていた」ということであるが、それが実現できずに終わっている。

そのため、この件については沈黙する他なかったのだろうが、その沈黙が当時の状況を物語っている。

おそらく、戦況が悪化した段階で、両者は物心両面で離反してしまったのではないか。

小村ら日本人（その他に中央アジアの専門家たる竹内義典等がいる）は良かれ悪しかれ日本の命運と共にあり、ウイグル人はウイグル人で自らの行く末を決めなければならなかった。そのため、最も肝要な事項については自民族だけで寄り集まり、その後の在り方を協議したものと思われる。だから、小村もかなり後になってしか、彼らの消息を摑《つか》めなかった。

両者の間を隔てる壁はやはり歴然として存在していた。

一方のモンゴル人は、戦後この地を占領した中国共産党に親日の疑いをかけられ、その疑念を晴らすため、対国府軍との戦いやチベット侵攻の尖兵となり、それでも「日本刀をぶら下げた奴ら」の汚名をぬぐえぬまま粛清の対象となってゆく。それがどれほど悲惨であったかは、文化大革命の折に表れる。そこでは、ジェノサイドと言われるほどの虐殺が待っていた。

いや、それは、日本に少しでも近づいていたとみなされた者たちの悲惨でもあった。

満蒙には関東軍に編制された少数民族の戦闘部隊がいくつかあった。

北満洲の森林地帯には狩猟民族オロチョン族の部隊があった。白系ロシア人部隊もソ満国境に展開していた。回教徒部隊も第三九騎兵部隊として配置されていた。

彼らはいずれも関東軍に編制された少数民族部隊であったが、その経歴が見逃されるはずはない。共産党による執拗な追及と粛清に遭ったものと思われる。根本による日本人の撤退成功の背後には、日本に想いを寄せていた者たちの幾多の悲劇が起きていたのだ。

ここが、東南アジアの場合と異なる。東南アジアでも親日派への報復が待っていたが、それでもインドネシアに見られるように残留日本兵が独立のため奮闘したため、日本への尊敬の念が残ってゆく。また、その尊敬が親日派への報復も緩和した。そうした事例が、内モンゴルや満洲では見られない。それどころか、敗戦とともにモンゴル人の対日蜂起に遭っており日本人将校が殺戮《さつりく》された事実がある。

日本の敗戦は、それまで営々と築いてきた異邦人（とりわけ少数民族）との絆を絶つことになってゆく。

さて、話を戻す。前述にもした通り、根本はソビエトの存在を全く信用していなかった。その主義（共産主義）はむろんのこと、何よりも彼らの占領行為を疑ってかかっていた。

根本が信頼していたのは、敵ながらもつながりを持っていた傅作義《ふさくぎ》（国民党の綏遠省長）や蔣介石《しょうかいせき》であった。とりわけ、蔣介石は根本との降伏調印をし終えると、内戦という非常時にもかかわらず、支配下にある鉄道路線を邦人輸送に割り当てる最大限の便宜を図ってくれた。

この行為が根本の感涙を誘う。そして、もし自分に何ほどかの恩が返せるなら、その時は無償で力を尽くそうと決意する。

それが、以下に記す、人民解放軍を撃退する金門島の戦いであった。

この戦いに当たり、根本は隣接する厦門《アモイ》を放棄するよう提案する。

厦門は重要な商業都市で、この地を放棄することは容易に口に出すことが憚れる状況だった。とりわけ、国府軍の将軍からは言い出せないニューマがあった。

だが、自給のできない当地では持久戦を戦えぬと見た根本は公然と厦門の放棄と金門島での迎撃を提言する。これが、戦略上大きなターニングポイントとなった。

勢いのまま金門島に押し寄せた人民解放軍（二万）は、使用していたジャンク群（上陸船）を焼き払われ、上陸後の戦いでも包囲殲滅されて壊滅する。大陸での敗戦に継ぐ敗戦を重ねていた国府軍（国民党軍）は、ここで初めて解放軍の進撃を止めた。

ここに、台湾占領を目指す共産党の戦争目的はほぼ断たれた。台湾が実質的な独立国として存続するのは、この戦いに依っている。

ちなみに、根本がもう一つ感謝されている理由は、共産軍が逃げ込んだ古寧頭村（北山集落）の村民を守るため、村内での掃討戦を回避し、北路への退路を設けたことで村から追い出し、そこを叩く作戦を提案したことである。事実、この作戦が功を奏し、村人に犠牲が出ず、解放軍を降伏に導いた。

村人はそのことを記憶にとどめ、根本を戦神として祭っている。

ちなみに、根本は、蔣介石が招聘した日本人軍事顧問団・白団《パイダン》には入っていない。

白団とは、富田直亮（陸士三二期）を団長に、劣勢にあった国民党軍を立て直すため設けられた組織である。その設立は秘密裏に行われ、東京を訪れた国民党の密使が旧日本軍将校団と会合して決められた経緯がある。その後、台湾の死守と大陸反攻を支援するため、その戦略の提言と国府軍の訓練を実施したのが白団だが、根本はそれとは別に蔣介石直属の顧問として戦いに参加している。

この場合、なぜ旧日本軍の軍人が重用されたかははっきりしている。

国府軍にとり、アメリカが最大の後援者であったことは確かだが、どうも肌合いが悪かいのだ。両者の間はアメリカからのさまざまな介入があって齟齬《そご》をきたし、軍事的にも作戦や用兵に考え方の相違があった。そもそも、中国の内情に疎《うと》いため、国府軍の将兵から幾多の不満が絶えなかった。

そこへ行くと、日本人は大陸の内情に通じており、長年の戦闘でその実力のほどは蔣介石以下指導部に行き渡っている。そもそも、彼らはその大半が日本の陸軍士官学校で学んだ経歴を持ち、敵対はしていたものの日本軍への崇敬の念を持っていた。

ということで、白団は、彼らの軍事顧問として絶好の存在だった。

ただ、根本にせよ、白団にせよ、国民党と長く戦ってきたライバル国の将軍らである。その存在が明らかになれば、当然大きな反発が生じてくる。ために、長くその存在は伏せられたままであった。

それが、近年ようやく明らかにされ、その役割が歴史の表舞台に浮上してきている。根本もまた、台湾の脅威を取り除いた一人として、その存在を見直されている一人である。

(四) 遊牧国家とはいかなるものか

ここで、一旦眼を遊牧社会や国家に向け、その実態を見てみよう。モンゴルを語る場合、どうしてもその必要があるからだ。

さて、モンゴルというと、すぐさま蒙古襲来が思い出される。が、これは台風の来襲や鎌倉武士団の奮闘とも相まって、撤退するに至っている。

だが、問題はそのことではない。

日本はこの脅威に備えるため、北部九州一帯から山口県に至るまで長大な防壁を築かねばならず、非常な消耗を強いられた。鎌倉幕府倒壊の遠因は、まさにこの時期にまで遡《さかのぼ》る。そしてこの時、日本は大陸国家が抱えてきた最大の懸案、とりわけ歴代中国王朝の懸案を直接肌で知ることになる。

その懸案とは、北方から侵攻してくる遊牧国家への備えである。

これがあるから、あれほどの労力を費やしても万里の長城を築かなければならず、皇帝を中心にしたヒエラルヒー（ピラミッド式官僚体制）を創らなければならなかった。

鎌倉幕府は、いや日本人はそれを初めて知ったのだ。

実は、日本は、遊牧社会とほとんど接点を持たないきわめて稀な国であった。

その証拠には、かの遣隋使、遣唐使の報告でも、中国歴代王朝と北方遊牧国家との確執が何も報告されておらず、遊牧国家の宗教・文化たるや全くの無視である。これは驚くべきことである。

一方、長安に入った使節団は、長安城が巨大な防壁で護られていることにまるで関心が行っていない。だから、帰国した使節団が都を城塞化するように進言したことは一度もない。それは、戦国時代でさえこの調子なのだ。かの武田信玄も「人は石垣、人は城、人は堀」という言葉を語り、それがもてはやされている。大陸の城塞に近づくのは、大坂城の築城まで待たなければならなかった。

そのため、日本の都はどれもこれも、城塞をすっぽり抜け落として創られている。それでいて、平城京も平安京も長安を模して創ったと誇りにしている。まさに画竜点睛に欠けるとはこのことであろう。日本人にとり、長安を模したというのは、碁盤の目をした街造りだけであった。

その典型が御所であり、その防備たるやほとんど無に等しいものであった。しかも、その警護たるや、これまたお寒い限りであり、精強な常備軍を持たないため、叛乱が勃発すれば、地方の豪族や貴族らにその都度官位を与えて鎮圧させ、乱が終わればまた元に戻る始末である。それがこの国の最高権威者（天皇）の住まいである。おそらく、大陸国家から見たならば、唖然とする他ないであろう。これまた、遊牧国家と対峙した事のない歴史に依ろう。

そもそも、大陸における建国とは、その街に住む全住民を囲い込む難攻不落の城塞を創ることで初めて成り立つ。それは、仮に包囲されても、十年以上は持ち応える造りになっている。史書を見ると、二十年以上持ちこたえた例など幾多もある。だから、包囲の間も城内の住民は日常の暮らしが送れるようになっている。中国の史書では「国を創ってやった」とある記述に出くわすが、それは城塞を創ってやったと言う意味なのだ。大陸の常識では、城塞の建設と建国は等式で結ばれる。逆に言えば、城塞のない国家など国家に値しないということだ。とすれば、日本は大陸的見解からは、国家として成り立っていないことになる。まことに不思議な国家であった。

まだある。右の例は大陸の定着国家の建国例だが、遊牧国家に関しても日本人の常識を遥かに超えたものであった。

この遊牧国家は、通常「行国」と呼ばれている。彼らの国家は民族の移動とともに動いてゆく。要するに、民族の集団そのものが国家なのだ。その典型がカラ・キタイ（西遼）である。

一一二四年、この年、遼は金の侵攻を受け滅ぼされるが、その時皇族の一人耶律大石が契丹族を率いてモンゴル高原錦州可敦城に逃れ、当地の諸部族を糾合し皇帝を自称する。だが、そこも金の追撃にあったため、ウイグルと戦いながら天山山脈北方を通過し、東カラハン朝の首都バラサグンを占領し、そこを首都として建国する。まさに玉突きのように、西へ西へと移動しながら、行く先々で建国している。行国を地でいったような動きである。

これを見ても分かる通り、彼らの意識は土地に執着していない。つまり、彼らの愛国とは愛国土主義ではなく、愛民族主義（この場合は愛部族主義）なのである。ここが、土地に執着する定着社会とはまったく違う。

その意識は、彼らが遠征する場合にも現れる。

遠征には、少年や畜群も含まれる。遠征先で建国をした場合、これらの少年が成長し、そこで暮らすことを前提にしているからだ。かのモンゴルの西方大遠征もこのようにして行われた。ここで一つ、疑問が生まれる。それは、なぜ人口希薄な遊牧国家の軍勢が定着国家のそれより強かったということだ。

まず挙げられるのは、その機動性である。

有名なワールシュタット（現ポーランド領）の戦いでは、それが如実に現れている。

モンゴル騎兵の迅速な集散に、重装備のヨーロッパ騎士団（ドイツ・ポーランド諸侯連合）はまるで付いて行けなかった。モンゴル軍の中央に向けて突進するも、偽装された軽騎兵の撤退に誘いこまれ、両翼の軽騎兵から挟撃されて、全面崩壊に至っている。

遊牧社会は確かに人口希薄であり、数だけを比べれば、その軍勢の動員力にも限りがあるが、具体的な戦場では上回っていることが非常に多い。つまり、それだけ素早い集散力を持っていたということだ。

この離合集散の早さは、占領国統治にも活かされる。その典型が、ロシア平原を支配した金《キプ》帳汗国《チャクハンこく》の例である。彼らは、いささかでも徴税拒否や遅滞の徴候を感じ取るや、ただちに軍を急行させ、否応もなくむしり取った。その時の素早さは比類を見ない。

これが、ロシア人が嘆き怖れた「タタールのくびき」と呼ばれるものだ。その時の動きは比類を見ない。モンゴルがあれだけの少人数で、二世紀余りもロシア統治を行えたのは、こうした理由に依っている。

では、彼らの国家体制はどうだったのか。

これまた定着社会と大いに違う。

彼らは、異民族の登用を気にしない。有能な人材を躊躇なく登用し、高官に取り立てる。モンゴルでも、それがはっきり現れており、代表的なところでは色目人を財務官僚に抜擢している。しかも、最高の位に、である。

オスマン・トルコともなると、さらにそれが顕著であった。

彼らは、占領地で徴発したキリスト教子弟をイスラームに改宗させ、その中の有能な人材をイエニチェリ（奴隷武官）とエフェンディー（奴隷文官）に登用している。

なぜ、奴隷であったのかには理由がある。オスマン朝にもむろん、自前の貴族は存在したが、彼らは自由民なので、常に叛乱の危険がある。そこへ行くと、奴隷たちはいかに高官になろうとも、いつでも首をすげかえられ反抗はなしえない。つまり、使い勝手がいいのである。だから、オスマン朝を訪れたヨーロッパの外交官がそれを見て、驚きの声を挙げている。

「ヨーロッパの王侯貴族は馬に入れあげ、それを貴重な財産として育てる者は多くいる。だが、ここでは人間を育てることに熱中する。何という違いであろうか」と。

こうした体制が取れるのは遊牧社会の特徴であると、文明史家のアーノルド・トインビーは言っている。

要するに、家畜の上に飛び乗っていた遊牧社会は、それと同様の形式で物言う家畜（定着社会の人間）の上に飛び乗り、それを支配したというのである。

そうした人間像をトインビーは、ギリシア神話に出てくる人馬一体の神ケンタウロスに例えている。

そう、確かに彼らはケンタウロスとなっていた。そのケンタウロスが、下半身の馬に代え物言う家畜を採用したのだ。

この結果、当初、牧畜(正業)と略奪(副業)の二本立てで暮らしていた遊牧民は、長期的な副業一本槍の形態を取り、ついには定着社会を丸ごと支配するまでになってゆく。遊牧帝国とはこのような体制を取る国家だった。

以上が、ごく簡単な遊牧社会の国家像だが、いかに日本と違っていたかが分かろうというものである。そして、日本は、こうした社会体制を知らぬ時を延々と過ごしてきた。

それもこれも、モンゴルに代表される遊牧社会との接点がなかったせいだ。

日本が満洲国建国で初めて出会ったモンゴルとは、このような史的伝統を持つ遊牧社会の住民だった。

（五）日本国のモンゴル政策

さて現在、モンゴルというと、すぐさま力士というキーワードが飛び出てくる。あるいは、広大な大草原がイメージされる。大草原で畜群を追い、馬乳酒を飲み、ナーダムでの競馬に酔いしれる――そのイメージが、日本人のモンゴル・イメージである。

だが、相撲についてはモンゴル国（外モンゴル）のことであり、内モンゴルのことではない。具体的には、モンゴル力士のパイオニアたる旭鷲山から始まって、朝青龍・白鵬・日馬富士・鶴竜らの横綱たちだ。わずかに内モンゴル出身力士は蒼国来（内モンゴル赤峰市出身）がいるが、中国籍と紹介され、相撲通でなければ内モンゴル出身力士だとは気付かない。

また、大草原に限っても、押し寄せる漢人農民の入植で同地にはもはやかつての大草原は消滅し、それを見るには外モンゴルまで出向かなければならない状態になっている。だから、内モンゴルに住むモンゴル人も農耕化し、漢人との見分けがつかない。さらには、同化されたモンゴル人は母語（モンゴル語）を失い満足に読み書きできない。国内植民地になった悲哀である。彼らは押し寄せる漢人の波に押しまくられ、かつての伝統を失っているのである。戦前日本人が思い描いたモンゴル像は、今の内モンゴルにはほとんど、ない。

だが、戦前はその逆だった。外モンゴル事情については、戦前日本は、ほとんど何も知らなかった。

ソビエトの衛星国で、共産主義国家であったからである。したがって、その内情はヴェール に包まれ、政治的にも敵対関係となっていた。ノモンハンで日本軍と戦ったのは、ソビエト赤軍が主力であったとはいえ、形式的にはソ蒙連合軍であり、終戦時に侵攻したのも同軍である。だから、戦前日本の指すモンゴルとは常に内モンゴルのことであり、加えて戦前の日本人はこの内モンゴル事情を非常によく知っていた。その理由ははっきりしている。満洲国を建国した日本は、その版図内に純蒙地帯（西部満洲）を抱えており、日支事変開始時には真っ先に東條英機率いる機甲化部隊が西進し、綏遠《すいえん》（現在の内モンゴル自治区の省都）を占領していた。

したがって、一般庶民に間でも、身内が同地にいた者や旅行した者がおり、彼らを通じてモンゴルの何たるかを熟知していたのである。そのため、戦前日本のモンゴルへの知的レベルは非常に高く、現在の比では全くなかった。

それがなぜ忘れられたかと言えば、戦後の同地が共産主義化したからだ。すなわち、中国共産党が内モンゴルを占領・支配したために情報が遮断され、それまでの歴史が断絶してしまったのだ。むろん、それは、ソビエトの衛星国たる外モンゴルも同じだったが、こちらの方はソビエト崩壊に伴って自由化が進行し、日本との交流（右の相撲もその一つ）がスムーズに行われることになった。その結果が、モンゴルと言えば、外モンゴルという認識が生まれたのだ。

なお、ここでは、日本の近代史を扱う必要上、内モンゴルの記述を行う。この内・外モンゴルとの記述は清朝が規定したものであり、かつ現在でもきわめて政治的な概念を伴うことから、識者の間では南モンゴルとの表記が浸透しつつあるが、戦前の日本では主として内モンゴルを用いていたため、ここでもそれを援用することにする。

その内モンゴルだが、日支事変勃発時に関東軍が占領した地域である。前述した通りである。日本は、蔣介石率いる中国国民党と戦っていた関係で、主として大陸南方を主戦場としていたとの認識があるが、それは戦争の中後期のことであり、まずは内モンゴル占領を敢行していた。

当然のことであろう。地政学的にも、日本が死守すべきは満洲であり、阻止すべきは共産主義の浸透であり、それを達成するためには内モンゴルはきわめて重要な地域であった。

日支事変が勃発した限り、日本（並びに関東軍）の国家戦略は当然、中国を包囲する戦略を構想する。具体的には、中国のフロンティア（辺境地区）をグルリと囲む少数民族を取り込んで、国民党や共産党を包囲する戦略である。そのためには、内モンゴル、東トルキスターン、チベットの各地域との連帯が必須だった。

かくして、満洲国、次いで内モンゴルでは、この政策を実施すべく、官民にわたり非常な努力が払われていた。その一環が、右に記した日蒙の関係だが、時局が進むに連れ、さらにその必要が増してゆき、日本の工作が西方まで伸びてゆく。

次章では、それを回教・ウイグル地区に絞り、その実情に迫ってゆきたい。具体的には、日本との同地区との関係である。

冒頭でも紹介した通り、イスラームもまた日本が初めて出会った宗教であった。これとどのような関係を持ったのか――その足跡を辿ってみたい。

第四章　中国イスラーム史

(一) それは唐代から始まった

中国のイスラーム事情――それは、唐代から始まった。西域、とりわけペルシアやアラブからの入唐が頻繁《ひんぱん》になったからだ。

前者は、海伝いに広州や泉州にやってきたイスラーム商人が、後者は唐の内乱時に鎮圧のためやってきたアラブ兵などがいる。どちらも、現在の中国回教徒《かいきょうと》の淵源《えんげん》とされている。その後、彼らは長い年月をかけ、混血とも相まって、現地に同化していった。だから、外見だけでは漢人と見分けがつかない。

ここで断らなければならないのは、中国には二つのイスラーム集団があることである。一つは、右に述べた回教徒で、これは中国語を話し、通常「回族」、あるいは「回民」の名で呼ばれている。彼らは既に漢化しており、宗教の違いを除くと漢人との相違はほとんどない。また、その居住区も今では中国全土に拡散し、民族自治区（寧夏《ねいか》回教自治区）は持っているが、一地方に集住しているわけでなく、「大拡散、小集住」と呼ばれる状態になっている。

では、なぜ、そのような彼らが漢人と見なされず、少数民族扱いされているのか？宗教だけの違いなら、なぜ中国人仏教徒は、仏族にならず漢族のままであるのか？

また中国人クリスチャンは、なぜキリスト族にならず漢族のままであるのか？

この疑問は非常に興味のあるところだが、おそらくイスラームの生活規範があまりに他の集団とかけ離れているため、漢族と同化したとはみなされなかったのであろう。具体的には食生活や性習慣等の違いである。この違いは非常に大きい。しかも、それが一目瞭然に分かるため、いかに漢人と風貌《ふうぼう》が酷似し、漢語を母語となすといっても、その違和感は強く残る。たかが、生活規範の相違と言うなかれ。これが往々にして、漢人との摩擦《まさつ》を生み、叛乱にまで発展した例がいくらもある。だから、いかに同化しているように見えても、漢人とはみなされないのだ。

これは他の地域、例えばバルカン半島のボスニア等でも同様で、イスラームを信仰する同地の信者はムスリム民族とされている。つまり、宗教集団が民族集団とイコールになる不思議な現象が起きているのだ。中国もそれと同じだと思われる。

他の一つはトルコ系のウイグル人で、彼らは東トルキスターン（新疆ウイグル自治区）に集住し、人種（風貌）も文化も史的経緯も明らかに漢人と違っている。このウイグルという名もいささか疑念のある名称で、かつてここで活躍したウイグル人（彼らは熱心な仏教徒であった）とのつながりは定かでない。

ともあれ、この両グループは、中央政権に背反常ならぬ歴史を持ち、どちらも独立（あるいは高度の自治）を望む姿勢を見せ続け、政権側と激しく渡り合ってきた経緯がある。

清代における主なものを拾っても、一七八〇年代、一八六〇〜七〇年代、一九三〇年代と周期的に大叛乱が起こしている（小叛乱ともなると、頻繁に起こっていた）。

これらの大乱を順に言うと、一七八〇年の叛乱はジャーフリーヤ派によって起こされた。同派はイスラーム神秘主義教団に属するが、その象徴となったのは黄土高原の信者を率いた馬明心である。彼は従来あった旧教の制度を改革した清貧な宗教者であったが、彼が殉教することで、信者たちの叛意に火をつけた（蘭州の乱）。彼らは最後まで抵抗し、それこそ根切り（皆殺し）

に近い弾圧を受けている。これが、中国回教史上の第一回目の大乱である。

その後、回教徒の叛乱は頻発し、一八六〇年代の「同治の回乱」と呼ばれる大叛乱が一八年に渡って継続した。この戦いでは、当初の漢族と回族の戦いに加え、途中から清朝側に寝返った回族の間で三つ巴となってゆく。

まず雲南では、杜文秀《とぶんしゅう》率いる雲南回民が西部大理地帯を制圧し、地方政権を造るまでになっていた。西北部（陝西《せいせい》省・寧夏・甘粛・青海等）では、白彦虎《はくげんこ》に率いられた陝西回民が追われるままに各地を転戦し続け、新疆にまで逃れ、当地で蜂起していたウイグル軍と合流し、三年余り共闘した末、最後はロシアにまで逃れている。

この両者の叛乱にもジャーフリーヤ派の関与が見られ、彼らの叛意が衰えてなかったことがうかがえる。これがどれほど大変な戦いであったかは、次の事実を見るだけで明らかである。陝西省では回民の九割が死亡し、甘粛省では三分の二が犠牲となっている。総じて、中国回民は約半数が同治の回乱で亡くなったとされている。

こうした回民虐殺を「洗回」と言う。この時代の清朝では、回民の叛乱とそれに対する洗回が至る所で行われていたのである。

と同時に、ほぼ時を同じくしてこの戦いで、清朝側に付いた回民がその後の回民軍閥の素地を作ることになってゆく。地域的には、青海、甘粛、寧夏各省を支配する馬姓軍閥である。彼らは、同じ回民であるにもかかわらず、その立場を異にし、体制側に寝返ったのだ。

ただ、馬姓軍閥の力は強力だった。後述するが、彼らの力はあなどりがたく、長征途上の紅軍西路軍（中国人民解放軍の前身）は河西回廊に追い立てられ、その最精鋭・第五軍は甘粛の高台で殲滅され、第九軍も馬歩芳の騎兵隊によって蹴散らされた。この馬姓軍閥については、日本軍も非常に手こずり東トルキスターンとの間に位置する彼らの壁を最後まで抜けなかった。前述した小村がサウジで訪ねていった馬歩芳は青馬と呼ばれた青海省軍閥の長であったが、この日本軍と彼らとの闘争は、また改めて後述する。

さて、最後の一九三〇年代の叛乱だが、これは東トルキスターンを舞台にして戦われた。

その詳述は後に譲るが、漢人軍閥、ウイグル人、東干（西北地方の回民）の三つ巴に加え、ソビエトや国民党がこれに介入することにより、類いまれな大混乱が引き起こされた。また、その直前には（一九二〇年代）、クリスチャン軍閥として名高い馮《ふう》玉《ぎょく》祥《しょう》が青海に侵攻し、当地の回民軍閥と戦った。馮軍は当地で略奪・破壊の限りを尽くし、それを阻止すべく立ち上がった西北回民と激戦を繰り返し、総計二〇万もの犠牲者が出る凄惨な結果を残している。この時西北回民の指導者となったのが馬仲英である。

ここでは、こうした彼らのたどった興亡史、とりわけ近代史を鳥瞰しながら、その行動を探ってゆきたい。

(二) 東トルキスターンの曙

まずは、近代東トルキスターンの黎明期たる一九世紀後半から始めてみたい。

この時代、最初に挙げなければならない人物はヤークーブ・ベクである。

陳瞬臣の『シルクロード列伝――熱砂とまぼろし』(角川書店)によると、彼はもともと当地の民族楽器ラワーブの放浪奏者だったが、ひょんなことからタシュケント(コーカンド汗国)の長官(ナル・マホメド・ハーン)によって軍人に取りたてられ、ロシアとの最前線(アク・メチェト要塞)に赴任することになったという。ところが、この要塞を護り切れぬと見たヤークーブ・ベクがタシュケントに逃げ込み、そこで新疆省南部からの亡命者にして預言者ムハンマドの後裔(ホジャ姓）を名乗るブズルク・ハーンと出会うことになる。この出会いがヤークーブ・ベクの運命を変えることになる。ブズルク・ハーンはカシュガルの回教徒が援軍を求めてきたのを利用して言葉巧みに彼を誘い、カシュガルに軍を進めた。

当時のカシュガルは二つの居住区に分れていた。回教徒の住む回城と漢人の住む漢城である。これは、清朝の方針でもあり、両者の紛争をあらかじめ避けるためこのような措置が取られていた。

その時問題なのは漢城だった。回城はあっさり落ちたものの、漢城の抵抗が激しく中々陥落しなかった。そこで、同じ回教徒のコーカンド汗国に援軍を求めたのだが、それに乗ったのが、前述の二人である。ブズルク・ハーンを司令官にヤークーブ・ベクを副司令官にした布陣である。

だが、両雄並び立たずの喩《たとえ》の通り、二人はやがて離反して、ブズルク・ハーンは追放される。両者とも、相手を蹴落とすために謀略を駆使するが、勝ったのはヤークーブ・ベクだった。その後の政局は、ヤークーブ・ベクの一人舞台となってゆく。

当時、清朝は太平天国の乱にかかりっきりになっていた。加えて、その間隙をぬって蜂起した捻軍《ねんぐん》の叛乱にも対処しなければならなかった。この捻軍鎮圧のため動員された陝西省の回民が漢族と衝突し、それがきっかけで叛乱が西北全土に広がった。

これでは、清朝が新疆に介入できる余地はまったくなかった。

ヤークーブ・ベクがやってきたのはこのような時であった。彼は、ブズルク・ハーンを追放する一方、天山南路、西域南道を次々に攻略しながら、自らの版図を広げてゆく。

これに注目したのが大英帝国である。

彼らの主願は、何はともあれインド防衛である。大英帝国最大の至宝であるインドを護り切ることが外交のアルファでありオメガであった。

ところが、それを脅かす勢力が出現してきた。ロシアである。ロシアは、その矛先を東へ、南へ伸ばすことでユーラシアを席巻していた。この両者の確執が史上名高いグレイト・ゲームである。

もし、ロシアがその触手をインド亜大陸に向けたなら、最大の危機になる。

この事態だけはいかにしても防ぐ必要がある――そう思った大英帝国は、ヤークーブ・ベクの進撃に注目し、彼の王国（大英帝国は彼の王国をカシュガル汗国と呼んだ）と外交関係を取り結んだ。

この状況を利用して、ヤークーブ・ベクは大英帝国と修好通商条約を結び、これに後れを取ってはならじと進出してきたロシアとも同様の条約を締結した。おそらく、この時が彼の最盛期であったろう。肖像画を見ると、ターバンを巻き長い顎鬚《あごひげ》をはやした、いかにも男丈夫のスタイルで描かれている。

事実、この間のヤークーブは、小英雄の風を呈していた。その力を天山南路のオアシス都市に振り向けて、あるいは戦さで、あるいは謀略で次々と陥落させ、その辺境に清とロシアの駐屯軍を残してはいたものの、新疆の主要部をほぼ押さえるまでになってゆく。カシュガル汗国は、オスマン帝国を宗主国としたイスラーム国家として産声をあげたのである。

だが、頂点に達した彼にとっても、国内外に存在する幾つもの問題は手強かった。国内的には、彼に反発する回族を中心とする勢力が問題だった。というのも、ヤークーブ・ベクはコーカンドからやってきた異邦人なのである。異邦人の支配者とは、いついかなる場合にも好感は持たれない。「異邦人の善政は自王の暴政に劣る」と言われる所以である。百歩譲って、異邦人の支配は不問に付しても、我慢ならなかったのは、その異邦人が現地人の風習に介入したことであった。具体的には、イスラーム法の強制である。

もっとも、ヤークーブ・ベクのために少し弁明してやると、これはやむを得ないことであった。当時の中国回族（この場合は西北地方の東干）は、豚肉さえ忌避するものの後はイスラーム規範をまるで守っていなかった。礼拝はさぼり、酒（葡萄酒）などは飲み放題と傍若無人に振舞っている。少なくとも、ヤークーブ・ベクにはそう映った。しかも、それを悪気もなくやっている。要するに、回族とは名ばかりのムスリムであったということだ。

これを問題視した彼は、イスラーム法の規範遵守を強要した。礼拝を強い、コーカンド服を強要し、辮髪《べんぱつ》を剃るように求め続けた。たかが風俗と見てはいけない。これは、民衆にとって、具体的に目に見える為政者への反感となる。

案の定、これが非常な不評を買った。「よそ者が何の権利でわれわれの慣習にあれやこれやと指導するのか」というわけだ。

おそらく、ヤークーブ・ベクからしたら意外であったかもしれないが、民衆はこうした生活規範への介入を最も嫌う。それが彼には分からなかった。その結果、民衆から総スカンを喰らってしまい、かつ回民と衝突を演じたことで、清朝が介入した折はもはや頼りになる存在ではなくなっていた。

今一つある。それは、大英帝国がヤークーブ・ベクの支援を控えたことだ。インド防衛の緩衝地帯として彼の支援を決めていた大英帝国であったが、その後地理的条件云々からロシアが南下することはないと判断したために、ヤークーブ・ベクの利用価値は下がっていた。

そのため、国内外の支援を断たれた政権は急速に力を失い、そこへ清朝から派遣された左宗棠軍の猛攻が始まった。左軍は甘粛の回民叛乱を鎮圧し、満を持して東トルキスターンに雪崩れ込んだ。ヤークーブ・ベクのもとには大英帝国に対抗すべくロシアから派遣されたクロパトキン（日露戦争時のロシア軍総司令官）らの支援はあったが、いかんせん力の差は歴然としていた。

清軍の進軍は急であった。一八七七年、ウルムチ東南に迫り、逢坂城を火攻めをもって陥落させ、次いでウルムチを攻略した。ヤークーブ・ベクは使者（サイイド・ヤークーブ）を急遽ロンドンに派遣するが、まったくの手遅れだった。

清軍はトルファンに攻め入り、その陥落の知らせを聞いたヤークーブは逃亡先のコルラで自決する。

その後、当地は清朝直轄地として新疆省（新たな辺境の省）と名付けられ、直接統治の下に置かれる（一八八四）。

以上が、コーカンドから来た風雲児の顚末《てんまつ》である。

（三）漢人の暴政

では、清朝が再征服した新疆はどうなったのか？

清朝がやらなければならなかったのは、この地に触手を伸ばすロシアと協定を結ぶことであった。当時のロシアは、対トルコ戦争等で東方に手を取られていたが、それでもユーラシア切っての大国である。彼らの動向を無視して事を運べるほど清朝は力を持っていない。そのため、両者の間で協議が続き、イリ西・南部をロシア領とし、無関税交易を始めることで合意した。

これが明らかな譲歩であると左宗棠ら対露強硬派はロシアとの一戦を交えることを主張したが、結果は一八八一年のイリ条約として締結されることになる。

そして、一八八四年。当地は清朝によって新疆省と命名され、それまでの自治を否定され直轄地になってゆく。直轄地にしなければ、外国の介入によりその支配が揺るがされると思ったからだ。むろん、そのため統治の教育環境も変わってゆく。

まず、清朝は地方官吏育成のため、「学堂」と名付けられた漢語学校を設立した。

他方、ウイグル社会ではジャディード運動が拡大しつつあった。これは近代西欧（並びにその西欧化したトルコ）の影響を受けた知識人や商人たちが起こした啓蒙運動で旧来のウイグル人社会を覚醒させ、よってもって旧態然たるウイグル社会を変革させようとしたのである。その推進者がムサバイ兄弟、アブドル・カーディル・ダームッラー、メムティリらである。彼らは、教育・文学・宗教・工業の革新から始まって政治的独立運動に至るまでの広範囲の改革を実施し、ウイグル社会飛躍のために活躍した。

一方、新疆省内部では、戦後の処理も含めて国内の治安回復が図られるが、辛亥革命の翌年（一九一二年）に楊増新なる人物が新疆督弁兼都督として赴任する。要するに、文武の最高権力者として乗り込んできたのである。

この楊がなかなかの人物だった。

この時楊に会ったスウェーデンの探検家スウェン・ヘディンはその存在を激賞している。

「彼ほどの善政を布いている専制君主は地上にいない」と。

これは、彼が組織していた西北科学考査団を快く受け入れたことにもよろうが、実際楊の善政は内外から非常な評価を受けていた。そもそも、中国本土が混乱の最中にあって、彼の治める新疆省はまったく波風が立っていない。それだけでも、彼の善政が浸透していることが良く分かる。また、彼は中央政府（その時は張作霖が北京政府の主席であった）にもなびかず、その指令が来ても柳に風と受け流していた。そのため、中国国内の政争に巻き込まれることはまったくなかった。かくして、この地は楊の治めるままに一七年の時を過ごした。

だが、その善政にも限りがあった。

一九二八年、楊は部下のクーデタに遭って暗殺される。日本が張作霖の特別列車を爆破する満洲某重大事件（奉天事件）を起こした年である。

これが、新疆省混乱の元凶になってゆく。

そこで、登場するのが、楊政権のもとで政務庁長という地位にあった金樹仁であった。

ところが、これが、楊とは似ても似つかぬ悪党だった。おかげで、右のヘディン一行は、あるいは足止めを食らい、あるいは中央政府にまで足を運んで探検の再認可を願い出る結果となる。ヘディンの舌打ちが今にも聞こえそうである。

このような地方政権である。新たな独裁者にならんとした金は、至るところでトラブルを頻発させ、内憂外患の様相を呈して行った。

まず、一九三〇年代初頭、中国西北部は大規模な飢饉に見舞われた。その犠牲者は三万にも及び、ために飢えた農民らが難民となって新疆のハミに逃れてきた。中国では、こうした飢饉の折の大移動がたびたび起こり、それが政変の引き金になってゆく。

この場合もそうであった。

その時、金はどうしたか？　難民に耕地を与え、その救済に乗り出した。

ここまでは良かった。問題はその耕地がウイグル人のものであったことである。ウイグル人は、それまでの耕地から追い払われ、荒地へと追いやられた。

これでは、問題が起こらないはずはない。非常な不満がウイグル人社会にわだかまった。

これで叛乱の下地が出来上がった。

その上塗りをしたのが、金の行った人事であった。

金の取り巻きであった不良男をクムル（ハミ）の徴税吏に抜擢し、その男がよりにもよって回族の娘を力ずくでものにしたのだ。

これは致命的な出来事だった。ムスリムは男女関係にきわめて過敏に反応する。とりわけ、異教徒との婚前交渉（強姦も含む）は、完全な御法度である。

案の定、それが発覚するや、右の土地問題と相まって叛乱が勃発した（一九三二）。彼らは徴税吏を殺し、西北部からやってきてウイグル人の耕地を奪った難民たちにも襲いかかった。

むろん、金も反撃し、回族を殺しまくった。叛乱軍はもとより、その家族・親族を皆殺しにしていった。むろん、捕虜は取らなかった。降伏は即惨殺である。歴史上幾多見られる洗回がこのたびも行われた。右のヘディンは、こうした金を「悪魔」とまで評している。

この叛乱を率いたのが、クムル藩王の側近ホジャ・ニアズであった。

だが、小さな藩王国一国では叛乱に限りがある。

劣勢に陥ったホジャ・ニアズは、同じムスリムの馬仲英に加勢を求めた。馬は、東トルキスターンに東接する甘粛・寧夏・青海に居住する東干（この地の回族の通称）の指導者で、後に「大馬」と称される若き将軍であった。馬は、この地の将軍にありがちな粗暴で血気盛んな人物だったが、この場合の支援要請は功を奏した。

馬は要請が来るや否や真夏の砂漠をものともせず、手元の部下を引き連れてハミまでの道をノンストップで急行した。先の『シルクロード列伝』によると、「急にかき集めた五百人の部下を率い、安西から哈密（ハミ）まで、三五〇キロをまっしぐらに進んだ。一九三一年の夏である。炎熱の砂漠を、兵糧や飲料水もろくに持たずに、強行突破した」となる。

もとより馬は、ハミに着くと、すぐさま金軍（漢人部隊）の立て籠るハミ城を包囲し、攻防戦を開始した。

が、ここで彼の誤算が始まる。ハミ城を護る漢兵は、城が落ちると屠城になるということで必死になって抵抗してきた。ためにハミ城は容易に落ちず、半年の時が虚しく経った。

こうなると、もうここにいる必要はさらさらない――馬はあっさりと城攻略を諦めて安西に兵を退いた。

が、劣勢をかこっていたウイグル人には、これで良かった。叛乱軍は再び息を吹き返し、新たな戦いに備えてゆく。

他方、天山南路のオアシス都市ホータンでも叛乱が勃発していた（一九三三）。指導者は、ムハンマド・イミン・ボグラ。

ホータンのウラマー（イスラーム法学者）であったボグラは、旧支配者を追い出すと、ホータン・イスラーム国の樹立を宣し、自らそのアミール（首長）に就任する。ホータンの町には青天星月旗が翻り、イスラーム法（シャリーア）が施行され、イスラーム暦（ヒジュラ歴）が採用され、その支配地域はカラシャール、クチャ、アクス等の蜂起とも相まって西域南路の全域に及んでいった。

これで、勢いづいたイミン・ボグラは、その懐刀であるサービト・ダームッラーをクムルに派遣し、ここに両者の統一が実現し、東トルキスターンの要衝カシュガルを攻略することになる。

ここに、長年の悲願であったウイグルの独立が達成され、ホジャ・ニアズを大統領に、サービト・ダームッラーを首相にした東トルキスターン・イスラーム共和国が成立する。一九三三年一一月一二日のことであった。

新政府は、イスラーム法を国法とした新憲法を制定し、独自の通貨を発行し、この地に利害関係を持つ関係国、とりわけソ連と大英帝国に新国家承認を打診し、インド・イラン・アフガン等周辺イスラーム諸邦にも外交団を派遣して国家承認・国交樹立を求めていた。

何としても独立を維持する！――出来たての新政府は必死の努力を続けていた。ウイグル人は、この歴史を誇りとし、現在に至るまで代々語り継いでいる。

（四）独立消滅――漢人軍閥の専制

だが、ウイグル人の進撃もここで停まる。

まず、外交面で行き詰った。列強が国家承認を拒否したからだ。大英帝国は、日本の大陸侵攻を牽制するため中国国民党を支援していた。その国民党が認めない東トルキスターン独立を承認しないのは当然だった。ソビエトもほぼ同じ理由から拒絶した。日本の勢力が西に及び、内モンゴルに続き、東トルキスターンに触手を伸ばせば、非常な脅威になってくる。さらに、この独立を認めれば、連邦内のイスラーム世界にも影響が及んで来る。

以上のことから、この地に影響力を持っていた両国は、いずれも東トルキスターン独立を認めなかった。

では、当の新疆省はどうなったのか？

さすがに、それまでの体制を継続するわけには行かなかった。

人心は一新され、金樹仁は解任され、その配下の盛世才が新疆のトップに抜擢された。

盛は日本の陸軍大学校に留学していた経歴を持つ軍人だったが、反日感情を強く抱いて帰国する。それが、金の解任で辺境督弁となり、地方軍閥を形成する。何のことはない、新たな新疆王が誕生したに過ぎなかった。

ところが、ここで、想いも寄らぬ事件が起こる。

先ほど、ホジャ・ニアズの要請でクムル解放に助勢した馬仲英が、いきなり侵攻してきたのである。

馬は、配下の軍事勢力を引き連れて、独立したてのイスラーム国を席巻し、カシュガルに侵攻してこれを追い出し、アミーン・ボグラの打ちたてたホータン・イスラーム国をも占領した（一九三四）。

だが、事態はこれで収まらなかった。

それは、馬仲英と盛世才が衝突したことから始まった。

劣勢に陥った盛はソビエトに助けを求め、それで情勢は一変する。

ソビエトの空襲で恐慌に陥った馬軍は大混乱に陥って、馬もまた拘束をされるに至った。

その後彼は、モスクワに送られて、消息を絶ってゆく。


これで、盛世才の一人勝ちが決定した。

この地で割拠していたホジャ・ニアズの東トルキスターン・イスラーム共和国、イミン・ボグラのホータン・イスラーム国は馬仲英が崩壊させ、その馬も拘束されたことにより、盛だけが残ったからだ。

ところが、まだ事態はドラマを生む。

かのホジャ・ニアズが盛政権に採用され、新疆省副主席に収まるのだ。

これには、合従連衡に慣れている当地の者も唖然とした。そして、猛烈に反発した。中でも、ホジャ・ニアズの側近だったサービト・ダームッラーは激怒した。

だが、もはや、情勢は如何ともしがたいものとなっている。

盛は、サービトを処刑に伏し、その後ホジャ・ニアズをも粛清した。

これで、盛政権は、反対勢力を一掃し、この地の完全支配を手中にした。

これが、一九三〇年代の勢力地図である。

ちなみに、一九三〇年代と言えば、三一年の柳条湖事件、三二年の満洲国建国がなされた時期だ。日本は、これを契機に国際連盟から脱退するが、国内的には日本が初めて創り上げたユーラシア大陸の建国に熱狂していた。これで、二九年に起こった世界大恐慌とその後の経済ブロック化の桎梏《しっこく》を突破できると思ったからだ。

日本は、これを足場に、中国内陸部に眼を向け始める。そこには、西方に向け延々と連なるユーラシアの大地がある。具体的には、当面の目標としての内モンゴルとその西方に位置する東トルキスターンである。

以後、日本の西方プランは紆余曲折を経ながらも終戦時まで続いてゆく。

(五) 日本はイスラームの真空地帯だった

さて、日本がイスラームと出会うのは、明治時代のことである。

それまで、ほんのわずかな接触はあったが（蒙古の使者としての来訪等）、交流と呼べるほどのものではなかった。

なぜ、そうなったかには理由がある。

まず南方ルートはフィリピンでキリスト教勢力に阻まれた。

一六世紀、イスラームは、東南アジアを席巻し、スールー諸島を通過してミンダナオに迫っていた。おそらく、このままの状況が続くなら、フィリピンはイスラーム版図に組み込まれたことであろう。

それは、フィリピンに接するインドネシア、マレーシアがすでにイスラーム化されていたことからも容易に分かろう。イスラームはその勢いそのままにフィリピンに近づいていたのである。

だが、この時、彼らにとって、思いもかけぬ事態が起こる。

世界周航の途上であったマゼラン艦隊がフィリピンに上陸したのだ。

これを機に、フィリピン、とりわけルソン島はキリスト教の支配するところとなる。

もし、フィリピンがイスラーム版図に組み込まれていたならば、日本への上陸はキリスト教に代わりイスラームが担ったに違いない。その時は、島原の乱はムスリムの乱になったであろう。

次いで、中央ルートは、インドの壁に阻まれる。

インドは、ムガール帝国に代表されるイスラーム帝国に支配されるが、民衆の大多数はヒンドゥー教のままであり、その後同王朝もイギリスに滅ぼされたため、インド亜大陸をイスラーム化できなかった。イスラームはインド周辺のパキスタン・バングラデシュを支配下に置くだけで満足しなければならなかった。

イスラームは、民衆の暮らしの中に溶け込んだヒンドゥーの草の根を除去できなかったのである。

最後に、北方ルートの中国だが、これまたインド以上に侵入ができなかった。

中国には、強力な中華思想が根を張っている。また、宗教的にも、儒教・道教・仏教等が入り乱れ、食い込むのが難しかった。

元代には、寛容な宗教政策とも相まって、イスラーム思想が伸長し、その閣僚（とりわけ財務官僚）には西域出身のムスリムが抜擢されたが、こと布教に関しては不成功に終わっている。

また、清朝時には、幾多の叛乱を起こしているが、それも相次いで鎮圧され、イスラーム化を阻まれた。前述した通りである。

その結果、イスラーム版図は場所的には西域（東トルキスターン）に留まり、人口的にもマイノリティーのままである。

イスラームは巨大な中華帝国の海に浮ぶ小島の状態にしかならなかった。かくして、東漸する三つのルートはことごとく封殺され、イスラームは日本や韓半島に入らなかった。

日本人がイスラームの存在に気付かなかったのは、当然のことであった。両者は、近代日本が誕生するまで、互いに全く見知らぬままに時を過ごしていたのである。

(六) イスラームの日本上陸

その空白地・日本にイスラームが上陸したのが明治期である。

その先覚となった日本人に、山田寅次郎（ムスリム名はアブドル・ハリル新月）や有賀文八郎、さらには日本人初のメッカ巡礼を果たした山岡光太郎《みつたろう》等がいる。

彼らはいずれも、先覚者にふさわしい偉丈夫だったが、同時に新時代の息吹を受けた愛国者であった。この双方を併せ持つ性格は戦前の日本イスラーム界の伝統となってゆくが、時に互いに矛盾し合い、正統イスラームの道を捻じ曲げることにもなる。

その最たるものが、有賀文八郎の『日本イスラム教の道徳概要』である。

その内容が、面白い。そこには、第一条のアッラーへの帰依《きえ》は書いてあるが、それ以上に天皇（皇室）への敬愛や祖先崇拝（過去帳の記入）等が連ねてあり、以下に記す三条に至っては、外国人ムスリムにでも見せれば卒倒するような内容だった。

曰く。
一、酒は飲まざるを良しとす。ただし、健康を保つに必要な者はこの限りにあらず。
一、喫煙は禁ずるを良しとす。ただし、多年の習慣上健康に害なき者はこの限りにあらず。
一、豚肉は喰うべからず。ただし、他に適当な副食物を得ざる時はこの限りにあらず。
思わず、ニタリと笑ってしまう内容ではないか。

この主旨は、明らかに前半部分のイスラーム規範より、後半部の但し書きの方に重点が置かれている。だから、これを見た日本人ムスリムは、健康を保つに必要だとばかりにしこたま酒を飲むであろうし、他に適当な副食物がないとばかりに豚肉をパクつくであろう。

これでは、規範になっていない。逆に言えば、これだけ、規範を緩めなければ、日本にイスラームを広められなかったということだ。

理由は簡単に説明できる。日本人は宗教規範をひどく嫌う。そして、すぐさま骨抜きにしてしまう。

仏教がそれを端的に示している。

周知の通り、仏教は因果律で動いている。つまり、悟りを得ようと思うなら、まずはそれに至る因（原因）を創らなければならない。その因となるのが修行と戒だ。

それほど重要なのが、この二つである。ところが、日本仏教はその修行と戒を全廃してしまったのである。

それは、最澄の二五〇戒をはしょった一〇重戒四八軽戒から始まって、鎌倉時代に入るや法然・親鸞・日蓮と続く祖師たちにより全廃されてしまったのである。

かくして、日本仏教は、無戒律無修行仏教に成り果てた。と同時に、このことと引き換えに、日本人の仏教受容が完成した。

以上のことから、日本人の宗教規範への態度が分かる。それは、極度に宗教規範を排斥する態度である。

むろん、これはイスラームにも適用された。右に挙げた有賀の規範は、それを端的に示している。そして、これを日本人ムスリムは「大乗イスラーム」と呼んで合理化した。

日本イスラームはまさに大乗イスラームとして開始されたのである。


では、日本を訪れた外国人ムスリムはどうだったのか？　彼らは、日本をどう見ていたのか？

ここに、それを代表するムスリムの記述があるので、紹介したい。

ロシア領に生まれたタタール人、アブドュルレシト・イブラヒムの著した『ジャポンヤ』（第三書館）である。

そこには、これ以上ないほどに親日感情を露わにした表現が連ねてある。

まずは、日本の最初の上陸地敦賀港で、日本の姿に感動する。

日本人は、どんな用事にもチップを要求しないことに驚き、預けてあった手荷物が一個たりとも紛失せず、しかもそれを無料で運んでくれたことに驚き、車夫の若者が面倒見の良いことに驚き、それらをロシアやヨーロッパの事情と比べながら、日本人の行き届いた親切に感動している。「何と立派な人間性よ！」と。

ここまで来ると、日本人の方が恐縮してしまう内容である。普通に接しているつもりが、その一つ一つの行動を褒められてしまうのだから。

その理由を推測すると、政治的理由（日露戦争で勝利）による他に、日本人の行動規範がイスラームのそれと合致しているように見えたものと思われる。一般に、ムスリムはコーランやスンナ（予言者ムハンマドの言動）に引き寄せて、その人となりを判断する。とりわけ、篤信者にはそれが見られる。したがって、この場合も、異教徒ではありながら日本人にはそれが顕著と見なしたのであろう。

これは、何も彼だけのものではない。近年では、エジプト大統領のシーシーが日本人を称し「歩くコーラン」と述べている。これなどは、その典型的な例である。日本人は政治的道徳的な理由をもって、知らぬ間にムスリム以上のムスリムとされていたのだ。

それがどれほどのものだったかは、事実がそれを示している。

例えば、タタール人が日本の勝利に感激し、『旅順港陥落の歌』や詩を口ずさんだという事実である。

時期が日露戦争三年後のことであるため、日本に憧憬する気持ちは十分分かるが、それにしても見ず知らずのタタール人が『旅順港陥落の歌』を口ずさんでいたとはにわかに信じられぬことである。おそらく当時は、それほど日本人は憧れをもって見られていたのだ。

そう言えば、フィンランドではビールの銘柄になっているし(東郷ビール)、アラブでも、スエズ運河を通る日本船は運航に支障が出るほどの歓迎を受け、その勝利に狂喜したアラブの詩人(イブラヒーム)が日本人をほめたたえた詩を創っている。

題して、『日本の乙女』。

砲火飛び散る戦いの最中にて
傷つきし兵士の看護せんと
うら若き日本の乙女、立ち働けり
雌鹿にも似た美しき汝ら、危うきかな

戦いの庭に死の影の満てるを
われは日本の乙女、銃をもつこと能わずとも
身を挺して傷病兵に仕えるわが務め
ミカド（明治帝）は祖国のために
死さえ教えたまわりき
ミカドによりて祖国は大国となり
西の国ぐにも目をみはりたり
わが民はこぞりて立ち上がり
世界の雄国たらんと力尽すなり

（後略）

（阿部政雄訳）

おそらく、イブラヒームは、何らかの噂、あるいは記事によって、日本人の従軍看護婦の存在を知ったのだろうが、それにしても著名な詩人がただそれだけの噂や記事で詩作するとは信

じられぬ事態であった。それだけ日本の勝利が衝撃的だったのであろう。

事実、日露戦争の影響は絶大で、元エジプト外相にして国連事務総長であったブトルス・ブトルス・ガーリーは、来日のたびに東郷神社を参拝し、父から少年の頃に聞いたという「エジプトも日本に倣わなければならない」との言葉を常に想い出すと述べている。

日本とムスリムの間は、未だ見知らぬ者同士の蜜月を楽しんでいた。

（七）日本に夢を託したムスリムたち

アブドュル・レシト・イブラヒムらの例を取り、初期ムスリムの日本への関わり合いを述べてみた。

実は、この二〇世紀前半には、彼と同じタタール人の亡命者が日本を訪れ、日本イスラーム史の一ページを飾っている。その数は、およそ数千人。満洲に留まったタタール人を含めるとさらに多くの数になろう。

なぜ、彼らが大挙して日本を訪れたかははっきりしている。ロシア革命に追われるようにやってきたのだ。彼らはいずれもロシア在住のムスリムだったが、ソビエト赤軍の軍靴に怯えながら、故地から長駆満洲（ハルピン）を経、命からがら日本へ辿りついた。言葉で書けば、二〜三行で終わる道のりも、一介の亡命者には大変な負担であった。

まず、入国するまでが難しかった。

「日本での仕事のつてはもとよりビザを取得するために当時で一人当たり千五百円のお金が必要だったとモヒトは言う。

『千五百円のお金を見せなければ、日本政府に対する証明にならないのです。千五百円といえば当時は家が一軒買えるほどでした』

国籍のない難民たちは一〇円のお金にすら不自由している。五〇銭でも一円でも手元にあれば有難いという人々にとっての千五百円である。その大金を都合して一人また一人と日本に渡航できたのは、先に日本に着いて商売をはじめていた同郷ムスリムたちの篤志が大きく貢献していた。日本でいくばくかの成功を収めて現金を手にした彼らは、ハルビンのイスラム僧侶に千五百円ずつ送っては、次々に日本で働きたい人々を呼びよせたのである――中略――日本に着いた難民は、さっそくその恩人のもとに千五百円を返しに出向いて仕事を紹介してもらう。

当時、彼らが日本でできる商売といえば、せいぜい洋服商や金物商、そして多くは問屋から仕入れたラシャの行商に従事していた。

千五百円を返しにいけば、日本に招いてくれた先輩は、さっそく品物をわたして日本語が不自由でも行商をうまくやるにはどうすればよいかとノウハウを教えてくれる。その利益から少しずつ満洲からの旅費やはじめに借りた事業資金を返していって、返済が終わればようやく晴れて自由ということになる。モヒトは言う。

『そのお金がグルグル回っていた。それで私が日本に来たとき、もう全国で亡命トルコ人は三千人ぐらいいたというのです』

小さな家に大勢住んで、爪の火をともすように必死の思いで貯めたお金は、やがて家族や仲間を呼びよせる元手となる。勤勉に働き、日本の当局ににらまれるような事件は絶対に起こさない。誰かが病気になれば皆で面倒をみる。故国を捨てて、遠い異郷の地で暮らす彼らムスリムとしての団結心は強かった」(『ムスリムニッポン』田澤拓也、小学館)

右に出てくるタタール人の行商は有名で、当時を知る人に聞くと、ラシャ地を肩に、一軒一軒をたずね歩く彼らの姿は、よく見かける風景であったという。

満洲にまで逃れ、さらに安住の地日本へ辿り着こうとする難民の苦闘のほどがしのばれる。その後、日本に初めてのモスクを建て、イスラームの礎《いしずえ》を創ることになる彼らは、このように来日したのだ。

むろん、その中にはただ戦火から逃れてきた者だけではない。ソビエト赤軍に抵抗し、その挙句に亡命してきた戦士たちも存在していた。そのリーダー格であったクルバンガリー（ムハンマド・ガブドル・ハイイ・クルバンガリー）はコルチャック軍（白軍）の一員として、ソビエト赤軍と激戦を交えることになる。

その子アサド・クルバン・アリーは言う。

「父たちの部隊は、ロシアを転戦する中で、赤軍と交戦を続けて行った」

「その部隊は共産主義に反対するチェコ軍や他のムスリム軍と共に戦いながらロシア各地を転戦してゆく」

ちなみに、この戦いは壮絶だった。

ロシアは広い。その広いロシアで革命をめぐって赤軍と白軍が入り乱れ、激しい死闘が演じられた。むろん、イマームの資格を持つクルバンガリーは無神論の立場から共産主義には反対だった。彼らにとって、共産主義とは悪魔の代名詞であったのだ。

彼らトルコ系ムスリムたちは、赤軍を迎え撃つべく決起した。

だが、次第に劣勢を余儀なくされ、シベリア鉄道沿いに東へ東へ撤退を重ねてゆくことになる。無理もない。そもそも、両軍の動員力がまるで違った。主要工業地帯の人口密集地を押さえる赤軍が数百万の動員力を持ったのに対し、白軍のそれは三十万を超えることはなかった。加えて、輸送力にも非常な差があった。赤軍が鉄道沿線をほぼ手中に収めていたからである。だから、最後にはこうなった。

「最終的に、父たちはイルクーツクを経てチタにまで辿り着いた。確か、その時部隊は百人を少し切るまでになっていたらしい」

「そのチタで、シベリア出兵のため当地に駐留していた日本軍と遭遇し、亡命を願い出た」

相次ぐ転戦と撤退で疲れ切った、しかしながら未だ戦う意志だけは持っている戦士たちの姿が浮かぶ。彼らは、当時日本軍が支援していたセミョーノフ軍の下に身を寄せ、ハルビン特務機関長・四王天延孝《しおうでんのぶたか》を通じ、日本への亡命を実現させる。

この四王天との出会いも幸運だった。四王天とは、いささか風変わりな名であるが、その由来は、後土御門天皇の御世に皇居に侵入した乱族を退治したことによる。天皇はこの働きをいたく愛で、それまで名乗っていた「四方田」の性を「四王天」に改名せよと勅錠された。だから、四王天とは由緒ある名なのである。

その四王天は、兵科の出で初期日本の航空隊育成に尽力した人物として知られているが、海外の政治事情にも通じており、義和団の乱では他の連合国との渉外を受け持ち、また当時としては珍しいユダヤ問題、回教徒問題に関心を持っていた。そのため、ハルピン特務機関在職中には彼らと直接接触し、その一人にクルバンガリーがいたのである。

彼は、その四王天の助力により、来日への道を開かれることになる。

ただ、クルバンガリーと共に来日したのは、そのうちの十数名であったという。他の者たちは、あるいは満洲に、あるいはトルコに、さらには遠く欧米にと散って行った。

実は、アサド・クルバンガリーとは、イスラーム・センターで働いていた頃に知り合った。父に似て非常な巨漢で、昭和八年の誕生ということだから、当時は四十過ぎであったと思う。

主に将棋を通じての交流で、ゆうに二百局以上は指しただろうか。外国人ながらなぜか将棋にのめり込み、第一回の外国人将棋大会で優勝した実力者(段位は五段)で、せいぜい十局余りで一局入れられる程度であったが、同好の士ともなると、親密さがやはり違う。そのうち、自らの生い立ちをポツリポツリと話してくれるようになった。右の記述はその折の話である。おそらく、自分が直接聞いた話というより、母であるウンム・クルスムや事情通のタタール人からその当時の事情を聞かされていたのだろう。

ちなみに、彼らタタール人は、仲間内の団結もさることながら、日本社会にも非常な適応を見せている。タレントや司会者でおなじみのロイ・ジェームス（東京モスク初代のムアッジン＝ガイナン・サーフェンの子息）は大の野球ファンであったし、プロレスのオールド・ファンなら誰でも知っているユーセフ・トルコ（名物レフェリーだった）もタタール人である。

これから見ても、彼らは日本の大衆文化たる将棋、野球、プロレスを通じ、日本社会に十分に馴染んでいる。ここまで来れば、自然に日本社会の一員として溶け込むことが可能となろう。亡命タタール人はこのようにして生きていた。

（八）日本とモンゴル――シベリアでの出会い

今度はモンゴル側から、先のシベリア出兵に伴う日本との出会いを見てみよう。

前述にもした通り、当時のロシアは革命とその後に続く内乱の真っ只中にあった。

これにモンゴル人ももろに巻き込まれる。と同時に、この混乱を好機にして、大同団結を志向する勢力も現れた。先に述べたセミョーノフ率いるモンゴル勢である。

セミョーノフは、ブリヤート人を母とするコサック系のモンゴル人だが、なかなかの偉丈夫で、内外のブリヤート・モンゴルを糾合し、全モンゴルを統一する汎モンゴル会議を開催し、ベルサイユ講和会議にも代表団を送っている。

この動きに反応したのが日本である。日本は、セミョーノフを援助すべく多額の借款を供与し、その運動を支援した。

だが、彼の運動には、強力な反対勢力が存在していた。

一つはソビエトである。ソビエトは、外モンゴル（ボグト・ハーン政府）を通じて、反対の意を表してくる。

今一つは中国（中華民国）である。中国は、その地方軍閥（段祺瑞の部下の徐樹錚）を通じ、ボグド・ハーンの宮殿を取り囲み、それまで得ていた自治権を取り上げる挙に打って出る。

一九二〇年、外モンゴルの自治権撤廃式典がモンゴル人の悲嘆の涙にくれる中で撮り行われた。と同時に、これに激しく反発する民族ナショナリズムを標榜する組織が結成された。

スフバートルやダンサンを中心とする東フレー集団（フレーは現ウランバートル）とロシアの影響を受けたチョイバルサンやボドーらのソビエト領事館グループである。この両組織が合流し、モンゴル人民党が立ち上げられる。

だが、混乱はなおも続く。

この外モンゴルに、ソビエトと内乱を戦っていたウンゲルン軍が侵攻してきたのである。

当時のウンゲルン軍は、拠点としていたシベリアから逃げ延びてきたのだが、外モンゴルでは中国軍閥を追い散らし、その自治権回復を約束する。そして、新たな首相にジャルハンザ・ホトクトを、軍事担当相にマクサルジャブを指名する。むろん、モンゴル人はこの動きを歓迎し、ウンゲルン軍に協力した。

だが、しばらくすると、どうもその体質が変なのだ。

中国軍閥を追い出してくれたのはありがたいが、狂信的な反共・反ユダヤ主義に凝り固まっている。案の定、共産主義者やユダヤ人が摘発され、彼らに対する虐殺が始まった。モンゴル人は、そうした彼を「気違い男爵」と呼んでゆく。

そして遂に、堪忍袋の緒を切ったマクサルジャブ率いるモンゴル人が武装蜂起に立ち上がった。と同時に、その運動と連携したモンゴル人民党が募兵をしながら進軍し、臨時政府を樹立する。一九二一年のことである。

この時、初めてソビエトが公然と介入してくる。赤軍は、ウンゲルン軍を追討すべく軍を進め、クーロン(現ウランバートル)を解放。ここに人民党が主催するモンゴル国が建国された。

そしてその三年後。ボグド・ハーンの死去に伴い、人民共和国の建国の運びとなる。

ちなみに、かのウンゲルンは、セミョーノフの部下であり、その主力はコサック兵であったものの、その他モンゴル人、タタール人、漢人、朝鮮人、日本人などで構成された国際旅団となっていた。この中の日本人には、かつてバブージャブ軍に所属して戦った者もいたという。

もう一人、セミョーノフ陣営には著名なモンゴル人司令官がいた。名をウルンジ・ガマエフという。彼は、セミョーノフ軍の中核たるブリヤート・モンゴルの指揮官を務めていたが、その戦歴や興安嶺で森林調査に当たっていた日本人が漢人に暴行されていたのを助けたことが評価され、関東軍の陸軍中佐に登用される。さらには興安嶺に出没する抗日ゲリラの鎮圧の戦功を挙げたため、陸軍中将にまでなっている。

ただ、ウルンジにとり、そうした出自や戦歴が栄光と共に悲惨をもたらした。

一つは、ノモンハン事件のため彼の指揮権は停止され、その下にいたモンゴル人将校も興安騎兵兵団から除外される。ノモンハンでの戦いは、主としてソビエト赤軍と関東軍との戦いだったが、双方ともにモンゴル人部隊を抱えており、それがモンゴル兵に微妙な立場を強いていた。その結果、ウルンジは国境守備から外されてゆく。

今一つの悲劇は、ソビエト赤軍に降伏後、ブティルスカヤ刑務所（在モスクワ）に収容されたことである。罪状は関東軍と相まって反ソ反革命の軍事行動に参加し、諜報活動に従事したとのことである。

一度、こうした嫌疑をかけられれば、逃れる術はほとんどない。ウルンジの必死の反論を試みるが聞き入れられず、処刑に付される。終戦の二年後一九四七のことであった。

（九）クルバンガリーの光と影

さて、話を戻して、クルバンガリーのその後を語ろう。

彼は、日本で活躍してゆく。

まずは、その出自と経歴の物珍しさも手伝って、次々と紹介者が紹介者を呼び、多くの知遇を日本で得る。その足跡を見てみると、主として満鉄関係と右翼関係者が目立っている。後藤新平、嶋野三郎、松岡洋右らの満鉄関係者、北一輝、頭山満、内田良平、杉山茂丸らの右翼壮士、大隈重信、犬養毅、平沼騏一郎ら首相経験者などがそれに当たる。

むろん、彼らからは相応の援助を受けている。

生活費もそうであるし、活動費もそうである。彼の活動の原資となるのは、こうした援助に依っていた。

その彼が手始めに着手したのが、代々木八幡町富ヶ谷にある回教学校（メクテビ・イスラミエ）の設立である。亡命タタール人子弟の教育（言語・宗教教育）と、モスクの維持に充当するためである。土地代は、当時の金で六二八〇円。これに、工事代金の四〇五〇円が加算された。これが、後の東京モスクの前身となる。

また、出版事業も展開し、新聞『日本通報』や雑誌『真理の宣言』を発行し、世界三三ヵ国のムスリム向けに配布した。

ただ、当時の日本にイスラームへの関心は、まるでない。そもそも、イスラームの何たるかを知る日本人は皆無に等しい。

だから、関心を示すのは、日本との国家的な関わり、すなわち当時の大陸政策と反共反ソの思想的観点からがほとんどだった。また、クルバンガリーも、そのことを承知の上で反ソ活動を表に出し、政財界や軍部の有力者に接近してゆく。

この時、ソビエト赤軍と戦って亡命してきたクルバンガリーの経歴が役立った。

その結果、右に挙げた頭山満（玄洋社）や黒龍会（内田良平）にまで話がのぼり、彼らの呼びかけで長年の懸案だったモスク建設の資金が集まり出す。山下汽船社長の山下亀三郎が土地（五〇〇坪）を寄進し、森村財閥の森村市左衛門が三万円、三菱銀行会長瀬下清が二万円とそれに続き、法人としても三井、三菱、森村等の財閥が競って寄金を寄せて来る。その額およそ数十万。

かくして、昭和十二年に起工式が行われ、翌年春に盛大な献堂式が取り行われた。

その折のイマームは、前述したアブドュルレシト・イブラヒムで、ムアッジンはガイナン・サーフェンであったという。どちらも、タタール人のムスリムである。

だが、ここで問題が起こってくる。

それは、モスク建設に最も貢献のあったクルバンガリーが満洲に追いやられたことである。彼は、最も晴れがましい開堂式に参加していない。

日本当局に阻まれたからである。当局は、その直前クルバンガリーを逮捕し、満洲に追放している。

なぜか？

それには幾つかの理由があるが、日本側だけでなく、タタール側の事情もあった。

というのも、クルバンガリーは強力なリーダーにありがちなワンマンであったため、内部に敵が多くいた。とりわけ、地域を違えるカザン・タタールは、彼に非常な反発を示していた。

そのため、彼らは自らのリーダーとして、新たに来日してきた同郷のガヤズ・イスハーキーをトップに掲げ、クルバンガリーと対峙した。

イスハーキーは、関西を拠点に活動し、具体的には三宮に建設した神戸モスクを中心に活動していた。彼は、クルバンガリーの「東京回教団」の向うを張って、「イディル・ウラル・トルコ・タタール文化協会」を立ち上げた。

これが運動を長くリードしてきたと自負するクルバンガリー派を刺激した。このため、日本側も真二つに分裂した。クルバンガリーを支持したのは、主として首都圏の軍・警察・右翼など。対するイスハーキーはトルコ大使館、関西在住のムスリムたち、それに日本の知識人たち。両者は事あるごとに対立し、ついには暴力的な衝突に至ってゆく。イスハーキーが東京・神田で行っていた講演会にガリー派が殴り込みをかけたのだ。両者は入り乱れて衝突し、幾多の負傷者を出すまでに至る。

こうなると、事件は日本の治安問題になってくる。事実、日本当局はこの問題に介入してきた。

結果は喧嘩両成敗の沙汰となった。と言っても、殴り込みをかけたガリー側に裁定は重かった。ガリーは逮捕を余儀なくされ、スパイ容疑までかけられて（これは表向きの理由）、国外退去を求められる。東京モスク開堂式一週間前のことである。

かくして両派は自制を求められ、それまで中立を保っており、かつ人望の篤かったアブドュルレシト・イブラヒムがトップに就任することになる。開堂式にクルバンガリーの姿がなく、イブラヒムがイマームに選ばれたのは、こうした事情に依っている。

小村によると、イブラヒムは寂しそうにこう述べていたと言う。「本来ならばクルバンガリーが果たすべき役割だった。彼には気の毒なことをした」と。

ちなみに、開堂式も、イブラヒムらムスリムにとり、真に喜べるものだったかどうかは分からない。開堂式が、宗教行事とかけ離れていたからだ。

何せ、出席者からして、頭山満以下右翼の壮士、松井石根ら軍関係者、その他政財界人のお歴々がずらりと並び、彼らの手で門扉が開かれ、反共国防の祝辞が述べられ、君が代が斉唱され、天皇陛下万歳を唱えられるのである。さすがに、時折思い出したように、回教徒万歳のエールはあったが、それも異教徒(松井石根)による発声ともなると、えらく場違いなものであった。

対するムスリム側は、在住ムスリム(主としてタタール人)をはじめとして四十余国から来日したムスリム代表が列席し、ガイナン・サーフェンのアザーン(礼拝の呼びかけ)から始まってイブラヒムがイマーム（導師）をつとめるサラー（礼拝）が行われ、コーラン朗唱（キラーア）も行われたが、影が薄かったことは言うまでもない。

「アッラーフ・アクバル、アッラーフ・アクバル、アシュハド・アンナッムハンマド・ラスールッラー、アシュハド・アンナッムハンマダン・ラスールッラー（アッラーは偉大なり、アッラーは偉大なり、ムハンマドはアッラーの使者であることを誓う、ムハンマドはアッラーの使者であることを誓う）」

アザーンの響きがモスク一杯にこだまする中礼拝が始まったが、列席したムスリムたちはどのような思いで礼拝をしたのだろうか。

だが、それも致し方ないことであろう。そもそも、日本人の丸抱えでモスクができている。そのもとでは、日本人の思惑が優先されざるをえなかった。

その駄目押しが、陸軍の意向によるクルバンガリーの作った東京回教団の解散である。陸軍は、在日ムスリムの争いを力ずくで抑え込み、イブラヒムをトップとする東京イスラーム教団を新設させた。

では、なぜ、これほどまでにイスラーム運動に介入しなければならなかったのか？

それは、ずばり日本の大陸政策の故である。

東京モスクが開堂するのは、一九三八年のことであるが、この時すでに対中戦争が始まっており、大陸での回教工作は必須のものとなっていた。したがって、現地ムスリムを政治的に取り込むには、モスクの開堂を通しての親日イメージを醸成させ、大陸政策に還元する必要が生じていた。もとよりそれは、付け焼刃の感がぬぐえないが、日本は日本で必死だったのである。かくして、日本とムスリムたちの同床異夢は、幾多の波紋を残しながらも終戦まで続いてゆく。

最後に、クルバンガリーのその後について付言しておく。

日本からの追放が決まっていた彼に救いの手を差し伸べたのは、当時満鉄総裁を務めていた松岡洋右だった。「どうだ、うちに来てみないか」

窮していたガリーには、まさに渡りに船だった。

アメリカ留学時の苦学を自負してオレゴン無宿を自称していた松岡は、苦境に陥ったこの亡命者を放っておけなかったのだろう。

反対する者もいたというが、機関銃のごとくまくしたてる松岡に面と向かって反論できる者などいなかった。何せ、話し出すと止まらないのだ。相手が誰であろうと、のべつまくなくしゃべり続ける。

これは外国人相手でも同様で、かのヒトラーと対した時も臆することなくしゃべるため、その側近から「総統に面と向かって言いたいことを言い続けたのはソビエト外相モロトフとミスター松岡だけだった」と言わしめるほどであった。

その松岡の鶴の一声で、ガリーの満洲行きは決定した。

彼は誘われるまま大連に渡り、満鉄の嘱託の身となった。もっとも嘱託といっても、名ばかりのものであり、給料だけを毎月受け取る放し飼い状態だったのだが……。

むろん、この処置に残された妻子は途方に暮れた。妻のウンム・クルスムは、あるいは参謀本部を訪問し、あるいは頭山満等関係者のつてを頼んで夫の帰還を必死に懇願し続けるが、来日許可はおりなかった。

息子のアサドは、その頃のことを「幼かった頃で、当時の事情は詳しく知らなかったが、母が折に触れて悲しむのを見てただただ哀しかった」と述べている。「少しでも脈のある人物を訪ねては頼みに行くのだけど、どうにもならなかった。虚しさだけが後に残った」と。

おそらく、その時のことではないかと思われる。頭山満と会った記憶がアサドには残っている。

幼い時故それほど強い印象はなかったろうが、母に連れられ好々爺の老人に会いに行ったというかすかな記憶があるという。

結局、アサドの姉二人が大連に向かうことになる。一家の派遣した先遣隊というところか。手筈では、その後一家を挙げて姉たちに続くことになっていた。

だが、その思いは遂げられぬまま終わってしまう。

これは、難民の性であるが、いったん落ち着いた地を離れるのは至難の業だ。その土地には、営々として築き上げた財がある、土地がある、懐かしい思い出があり切るに切れない人間関係がある。それを再び捨てて未知の大地に移ることはできにくい。事実、ウンム・クルスムは再度の移住に踏み切れなかった。具体的には土地や家屋の売却をできなかった。そして、それが、日本に残る結果となった。

その駄目押しとなったのがソビエトの満洲侵攻（対日参戦）である。

クルバンガリーは、セミョーノフと共に捕らえられ、モスクワ近郊のウラディミル監獄に収容される。

もはや、妻子のいる日本に帰ることはままならなかった。釈放後も、ソビエトに居続け、当地で死去する。クルバンガリーは、ロシアで生まれ、ロシアで戦い、再びロシアに引き戻される中で、その生を終えたのである。

第五章　大陸の内奥へ

(一) 満洲国

一九〇五年の日露戦争で南満洲の権益を手中にした日本は、しかしながら幾多の問題を抱えていた。最大の問題は、当地の奉天軍閥（張作霖）の背腹常ならぬ態度だった。

張は、表向きの親日とは裏腹に、当時の排日世論を背景に日本の満洲進出に懸念を持つ英米と結びつき、満鉄の平行線を作り始める。また、事あるごとに、日本の提案を拒否し始める。

これに危機感を抱いた関東軍は、張の乗った特別列車爆殺を決行した（一九二八）。

これは、内外ともに重大な波紋をもたらした。

国内的には厳罰で臨むと言明しながら、その首謀者（河本大佐）を予備役に回すだけの処分にした田中義一首相が昭和天皇の逆鱗に触れ、総辞職に追い込まれる（その数ヵ月後、田中はこれが原因で憤死)。

昭和帝が、政治に直接介入したのは、二・二六事件での反乱軍鎮圧と第二次大戦終戦の御聖断が有名だが、前者は政治秩序(輔弼機能)の崩壊下にあり、後者は輔弼《ほひつ》からの要請による介入であったと言えるが、このたびの田中への叱責は昭和帝個人の意志から発しており、立憲君主制下においては非常に稀な出来事だった。以後、期するところがあったのであろう。昭和帝は、いっさいの政治的干渉を停止する。

一方、対外的には、張爆殺は国際的な批判を受け、後を継いだ張学良をさらに反日的に追いやる結果となってゆく。

事実、その後張は事あるごとに日本の権益を脅かし、最終的には易幟《えきし》(蔣介石の国民党への合流)を鮮明に打ち出した。満洲には、国民党の党旗「青天白日旗」が翩翻《へんぽん》と翻った。

と同時に、それは、経済的な衝突(日貨排斥)や日本人の満洲移民に伴う土地問題の頻発を生み、武装集団の出没による治安の悪化を意味していた。そして、何より問題であったのは、日露戦争で得た南満洲鉄道(並びにその付属地)の権益を承認せず、それに公然と挑戦してきたことである。新たに作られた鉄道路線は、輸送単価が安く抑えられたため満鉄は連年赤字を計上し、人員整理など厳しい経営環境に追いやられた。

これは、日本にとって由々しき事態として映った。

「このままでは、これまで営々として築いてきた血と汗の結晶、十万の英霊と二十億の国帑が無に帰する」

日本の世論は激昂し、その後押しを受ける中、関東軍が張学良軍に襲いかかった。満州事変の勃発である。この時、日本の兵力は約一万、対する中国側は四十五万にのぼっていた。数から言えば、圧倒的な兵力差だ。

だが、あらかじめこの事態を想定して創られた作戦が功を奏した。関東軍は、国民党軍の兵営・北大営を押さえると、奉天・長春など主要都市・主要拠点を占領し、瞬く間に満洲全土を手中に収めた。

しかし、これをもってしても両軍の兵力差はいなめない。

ために、朝鮮軍（司令官は林銑十郎）の派兵がいかにしても必要だった。

これには、内閣の承認（天皇の勅許）が必要だったが、これがなかなか出なかった。

業を煮やした林は、関東軍支援のため朝鮮軍（混成第三九旅団）を越境させ、関東軍の指揮下に置いた。彼の代名詞である越境将軍は、この時の派兵に由来する。

だが、彼には大陸政策の絵図を描いたもう一つの顔があった。それは大陸の回教工作を展望し、それらを実践しようとした反共主義者の顔である。

だがこれは、まだ後のことである。この段階の林は、乾坤一擲、満洲への軍事支援に身を投じた。

結果は、何とか吉と出た。

この越境は、勅許のないままの皇軍出動で、本来ならば大権干犯の大罪になるところであるが、当時の若槻首相は「出動した以上やむをえず」とし、それを天皇に奏上し、正式な派兵となった。

この時、実質的な満洲国が実現し、翌年正式な建国の運びとなる。

以上が、満洲事変（とその後の満洲国建国）の概略だが、ここで述べたいのは、このことではない。満洲事変とその後の建国によるモンゴルの動向である。

実は、モンゴル人はこの機を将来の独立を目指す好機と見た。

前述のジョンジョールジャブは、奉天でモンゴル独立軍を立ち上げた。おそらく、この機を逃せば、独立のチャンスは遠のくと見たのであろう。

これが、満洲事変とモンゴルが結合した瞬間である。

だが、これは、日本にとり、都合の悪い事態であった。

最も問題であったのは、独立軍という名称である。

それを認めることになれば、満洲に居住する他民族への刺激となる。

周知のように、満洲には、漢・満・蒙・日・朝の五族が入り混じる。したがって、「五族協和」なる方針が出されるのだ。

ところが、このうち一つでも独立を主張すれば、ただちに他民族にも波及して、収拾のつかないことになる。したがって、この動きに箍をはめる必要がどうしても生じて来る。

日本はモンゴルにシンパシーを持っており、その後もある種の特別扱いをしているが、こと独立に関しては、認めることができなかった。

では、件のモンゴル独立軍はどうなったか？

すぐさま、モンゴル自治軍に改められた。事変一ヵ月後のことである。

だが、最終的には、その名称も変えられることになる。

モンゴル自治軍は、興安警備軍に格下げされた。

この名称に注目していただきたい。

まず、興安とは、地域名を指し、具体的には興安北省、南省、東省、西省の四省を指す。満洲国の西三分の一を占める純蒙地帯と呼ばれる地域だ。

ここを管轄する警備隊をモンゴル人に任せるというのである。この結果、モンゴル独立軍は自治軍に、次いで警備軍にまで格下げされた。つまり、警察の毛の生えた状態にまで格下げされたということだ。モンゴル人独立派の不満が今にも聞こえてきそうである。

だが、警備軍と言えども、武装勢力であることに変わりはない。それを良しとしたモンゴル人は、その待遇で日本(関東軍)と妥協した。

ちなみに、この推移の背後にある政治思想について述べてみる。

前述にもしたように、日本の満洲国建国理念は五族協和である。

だが、これは、モンゴル人にとり、きわめて理不尽なものであった。なぜなら、彼らは中国からの独立が悲願であり、五族協和はその中国との共存を意味していたからである。

「中国と仲よくしろだと? こんなもの、やってられるか」というのが彼らの本音であった。

では、次いで出された満蒙一家というスローガンはどうだったか。

これは、中国が省かれている分、五族協和よりましだったが、独立を疎外する件については同じだった。

理由は簡単である。満蒙が一体であるならば、蒙古は満洲国の一部分にしかなりえず、独立が達成できないからである。

よく、満洲国を語る場合、そのスローガンたる五族協和が額面通りに達成できなかったという論調――つまり、日本人が他民族を差別していたという事実――が見られるが、そればかりではない。そもそも五族協和の戦略自身が重大な問題を抱えていたのだ。

モンゴル人以外でも、満州に居住する（あるいは移民してきた）韓国人は、母国喪失から来るじくじたる思いがあり、漢人も自分たちが多数を占めているにもかかわらず、被支配階級に据え置かれているとの不快があり、満洲人も故地であるべき満洲で自由に振舞えない（日本に常に干渉される）との不満があった。

そして、日本が何かと肩入れしていたモンゴル人にも、独立を疎外されているとの思いが鬱積していたのである。表向きには親日を表明しながら、常に独立を志向してゆく徳王政府が、背反常ならぬ行動を取るのもこのことがあるからだ。むろん、独立軍を立ち上げたモンゴル人たちも同じである。彼らの不満はやがて、ソビエトの満洲侵攻と同時に爆発し、関東軍への蜂起（対日蜂起）として結実する。

これが、満洲事変を契機にした日本とモンゴルの関係である。

(二) 徳王

一方、満洲国の西隣にあった内モンゴルはどうだったか？

実は、満洲国が誕生した翌年は、内モンゴルにとっても重要な分岐点となっていた。ジンギスカンの子孫を名乗る徳王デムチェクドンロブが当地の王侯に呼びかけて百霊廟で会議を催したのである。徳王は、スニト右翼旗の王侯の家に生まれ、若くして指導者の地位に就き、開明的な改革を推し進めた人物だった。人口調査の実施や学校制度の確立などは彼が行った最初の改革である。

その彼が主催したこの会議は歴史の分岐を画する画期的なものであり、それまでの行政区画であるチャハル・綏遠両省の廃止とそれに伴う内モンゴルの高度な自治が決議された。

これに対し、国民党（蔣介石政府）は、高度な自治との表現を地方自治と薄めた上で、しぶしぶこれを承認した。

ここに、徳王をトップとする地方自治政務委員会が誕生した。

この動きに注目したのが関東軍である。

関東軍は徳王に誘いをかけ、ここに両者の提携が実現し、関東軍から経済軍事援助を受けることになってゆく。一九三五年のことである。

実はこの年の九月、関東軍参謀副長の板垣征四郎が徳王と会っている。

板垣をモンゴル式のゲルで迎えた徳王は、その会談で、一気に従来の方針を転換し国民党から日本に乗り換え、それまでの自治拡大を取りやめて、日本を後ろ盾にしたモンゴル独立を構想した。

彼の胸は高鳴っていた。

「日本をうまく使えば、内モンゴルの独立は可能だ」と。

板垣の方も満足していた。

「徳王を溥儀のように戴いて第二満洲国を内モンゴルに樹立する」と。

両者は同床異夢を抱きながら、連携を深めてゆく。

その三ヵ月後。徳王は満洲国の首都新京に赴いて武器・資金援助を取り付けて帰還し、内モンゴル総司令部を設立し、自身は総司令官に就任する。これ以後、日本と内モンゴルは、その関係を密にしてゆく。

この時起きたのが、綏遠事件である。

徳王配下のモンゴル軍が日本軍の支援の下、綏遠省に侵攻し、同省主席の傅作義軍に撃退された事件である。

この戦いは、関東軍から派遣された田中隆吉（関東軍参謀兼徳化特務機関長）が内モンゴル政府を唆し戦闘を仕掛けた戦いだった。内モンゴル軍は「大漢義勇軍」を自称し、「東亜より共産、国民両党を駆逐する」と呼号して、攻撃を開始した。この攻撃には小濱氏善予備役大佐ら日本人義勇兵も加わっていた。

だが、結果はみるも無残な敗北を喫し、拠点であった百霊廟を占拠され、その後も劣勢を挽回できず、敗退を重ねることになる。

これは、関東軍司令部の許可を得ることなく実施された作戦で、満洲事変の内モンゴル版を狙ったものとされているが、あまりに稚拙な作戦であったため大敗北を喫し、しかもその煽りを喰った形でアラシャンの特務機関（寧夏省）は総引き上げの憂き目を見、オチナ特務機関（内モンゴル西端）に至ってはその地で孤立し、その後の日支事変の勃発により機関員が拘束され、江崎郁郎機関長ら十名が全員銃殺の憂き目となっている（『関東軍特務機関シルクロードに消ゆ　大陸政策に青春を賭けた慟哭の記録』萩原正三　ビブリオ）。

その結果、内モンゴルにおける徳王の評価は大いに下がり、日本軍に初めて勝利したことで中国側の士気は大いに上がった。政治的にも、これ以上ない失策となった事件であった。田中のような功名を得んとする跳ね上がりは、たびたび見られるが、その結果は重大な結果をもたらしたのだ。

そして、一九三七年。

この年、盧溝橋事件に端を発する日支事変が勃発すると、東條英機率いるチャハル遠征軍は八月に張家口を占領、十月に察南自治政府を設置、次いで大同に晋北自治政府を設置、以後綏遠・包頭まで西進し、ここに関東軍の承認の下蒙古連盟自治政府が誕生する。

かくして、通称五盟二市と呼ばれる地域が蒙古連盟自治政府の管轄下に樹立され、これら自治政府を統括する機関として興亜院が置かれてゆく(一九三八)。この総裁が日本国首相であり、副総裁が外相、蔵相、陸海軍相であることから、いかに当地を重視していたかがよく分かる。

むろん、こうした日本の態度は、問題を起こしてくる。

日本の立場は、表向きはともあれ、軍事的に乗り込んできた占領軍としてあった。したがって、その意を上意下達の形で自治政府に伝えて来る。それは、有無を言わさぬものとなる。

これが、まず第一の問題だった。

もともと、日本(関東軍)は、徳王政府に内面指導を適用していた。

内面指導とは意味深長な言葉だが、すでに満洲国経営に適応された概念だった。つまり、要所々々に日本人の監督官を配置して、その国家運営に直接介入させる役割を担わせていた。それをモンゴルにも適応したのだ。そのため、表向きの自治とは裏腹に、モンゴル自治政府の権限は縮小し、実質的な保護国の状態におとしめられた。これが、日蒙確執の元凶となってゆく。

以後、徳王は秘密裏に国民党政府と交渉を重ねてゆく。

もう一つある。

それは、従来の徳王支配下の領域に漢人が多数を占める農耕地帯が入ってきたことである。具体的には、察南、晋北が域内に加えられたため、完全に人口比が逆転する事態となった。

その格差がどのくらいのものであったかは次の数字が示している。モンゴル人約三〇万、対する漢人は数百万とされている。しかも、その首府を従来の厚和から北京西北の町・張家口に移している。徳王は、その苦肉の策として、蒙漢分治政策を進めたが、誰の目にも非常な無理が存在した。

では、なぜ、そうした逆転比が生まれるような拡大を容認したのか？

それは、従来の支配地域に資源が乏しく、将来の独立を鑑みれば一国を養ってゆくには非常な不利が予想されたからである。その点、当地は北京から包頭を結ぶ鉄道沿線に位置しており、交通の便も行きとどき、資源もあり産業も発展途上にあった。

これに、触手が動いたのである。

一方、徳王は、その独立を実現すべく満洲国と交渉し、また来日をした折には天皇に謁見し、板垣征四郎（陸軍大臣）らにも面会し、その思いの丈を訴えた。

「満洲族の建国した日本なら分かるはずだ。同じ民族自立の原則で、モンゴルが独立するのも道理である。ぜひともわれわれの独立を承認されたし」

これは「日本の進めるモンゴル独立を第二満洲国とする」との方針に合致していた。それを承知の上で独立を述べ立てる徳王の主張は、ある種核心を突いていた。

だから、日本としても無下に断るわけにも行かなかった。

だが、最後は独立を却下した。

日本は、徳王の要求を却下して、現状維持を貫いた。

「未だ独立の時期には至っていない。しばし待たれよ」と。

徳王は虚しく引き上げるより他なかった。と同時に、独立を認めない日本に対し、それ以後面従背腹の態度を見せてゆく。徳王は、国民党とも秘密裏に接触し、両天秤をかける政策を採ってゆく。

ではなぜ、日本が独立を認めなかったか？

それには幾つかの理由がある。

一つは、蒙古自治政府の独立を認めれば、満洲の純蒙地帯（興安四省等）との合併が問題になってくる。そしてそれは、必ずや満洲国との領土問題に発展する。これが日本の懸念であった。そもそも、蒙古自治政府が独立したとなると、版図内の漢人はモンゴルの支配下に置かれてしまう。

その時は、おそらく彼らは黙っていまい。今は良くとも、将来には禍根を残す。その時は、独立どころの話ではなくなる――その政治的影響を関東軍（ひいては日本）は心配したのだ。

今一つは、当時日本が承認していた汪兆銘政権の意向があった。

汪兆銘は日本の梅工作で蔣介石から引き離し、誕生させた親日政権であるが、これまた内モンゴル独立に反対だった。この点に関しては、汪も蔣介石と変わらなかった。

「内モンゴル独立だと？　そのような事を認めれば、漢人の反発は目に見えている。断じて容認できえない。反対だ！」と。

両者の板挟みになった日本は汪を取り、徳王を切り捨てた。

右のモンゴル独立を日本が認めなかった理由については、関岡英之氏の『帝国陸軍　見果てぬ「防共回廊」』（祥伝社）に詳しい。

かくして、徳王の要求は、未だ実現しなかった。

ただし、日本が対米戦争で足を取られ始めると、大陸の事情にかまっていられなくなり、内モンゴルの自治権は拡大することになったのだが……。

おそらく、この時が、徳王にとり、もっとも歓迎すべき時だっただろう。彼の念願する内モンゴル独立は、目前に迫っていた。少なくとも、徳王にはそう見えていた。

それが、第二次大戦直前の内モンゴルの風景である。

(三) 国民党の民族政策と国際的認知

では、彼らのライバルたる国民党は、どのような方針を採っていたのか?

それには、まず国民党の祖となっている孫文の思想から見なければならないであろう。

彼の主義は、表向きには、三民主義となっている。民族主義、民権主義、民生主義と言われるものだ。

だが、このスローガンは、あまり意味をなしていない。彼は漠然《ばくぜん》と清朝打倒と新中国の建国を目指していただけである。したがって、初期の孫文の思想には、少数民族の姿はどこにもない。

ところが、いざ辛亥革命が起こり、その眼前に中国の現実が突きつけられると、そうも言っていられなくなる。少数民族の位置づけが、是非とも必要になったからだ。

そこで付け焼刃に五族共和を唱えてみたが、それは口先だけのものであり、大漢民族主義の主張が色濃く出た。つまり、少数民族は同化して、漢民族に吸収されるべきだと考えたのだ。

彼は言う。

「単に漢民族の民族主義を講ずれば満蒙回蔵四族人の不満を招くという人もあろう。だが、余は此の一事に到っては、顧慮《こりょ》する必要はないと思う」と。

これが、彼の唱える五族共和の内容だった。

現在、孫は国民党・共産党両党の国父として位置づけられ、その三民主義も建国の基本と見なされるが、何のことはない。その眼中には、少数民族の姿がまったく見えていなかった。

要するに、孫文のナショナリズムは大漢民族主義に他ならず、その主張は清朝打倒（革命）と列強の侵略に反対する漢人の反抗をバネにした反帝国主義論のみであった。

この主張を、さらに深化させたのが蔣介石の主張（国民党の主張）である。

蔣は言う。

「漢人も少数民族も互いに相争いながらも、総体的には中華民族を形成してきた宗族や支族である」と。

また言う。

「したがって、すべての宗族・支族は、中華民族という枠組みを形成する国民国家に収斂されるべきである」と。

この宗族・支族という言葉に注目していただきたい。これらの言葉を使うことで、いわゆる少数民族を民族として扱っていないということだ。

民族は、宗族や支族の上にある中華民族ただ一つである。

蔣は、五族の上位概念に中華民族というフィクションを置くことで、大漢民族主義を完成させたのである。この思想は、その後国民党との内戦を勝ち抜いた中国共産党にも引き継がれ、現在に至っている。

その内実はまた後に詳述するが、一言だけ付け加えるならば、国民党も共産党も自己が弱者である時には、このような大漢民族主義を唱えなかった。彼らは少数民族を懐柔するため、民族平等・連邦制の確立等を掲げ、揉み手をしながら擂り寄っていたのである。とりわけ、共産党は国民党との関係もあり、その傾向が強かった。国民党に対抗した中華ソビエト共和国は、その憲法に「諸民族の自決権」を明確に認めていた。

だが、いざその立場が安定すると、すぐさまその主張を覆し、あからさまな漢民族主体の統一国家を唱え始め、それからの分離独立(あるいは高度な自治)を求める諸民族を分裂主義者と名指しして激しい弾圧を加えてゆく。この繰り返しが、漢人党派と少数民族の関係である。少数民族は、その都度、漢人党派から裏切りをもって対されていたのである。

この国民党の方針が、具体的な領土問題として確立するのが、先ほど述べた一九二二年の九ヵ国条約である。

九ヵ国条約は、アメリカの呼びかけで開催されたワシントン会議で決められたものだが、主として三つの主題から成っていた。

一つは、海軍軍縮協定である。米英日の主力艦の割合を五・五・三にした協定である。日本の教科書には必ず掲載されている故、ワシントン会議というと即海軍軍縮協定という反応が生まれてくる。これに反対した日本のジェネラルが抗議の自殺を図ったことで日本の世論は沸騰し、大変な騒ぎになった。

その結果、日本の構想していた八・八艦隊編制は抜本的に改変され、以後の対米戦略へ大きな影響を与えてゆく。

が、この会議で話し合われた主題はそれだけではない。

それと並んで、太平洋の現状維持と日英同盟の破棄が記された四ヵ国条約が締結される。これも重要な分岐となった。

日英同盟が破棄されたということは、日米関係に非常な影響を与えてゆく。

つまり、日本単独でアメリカと対峙しなければならなくなったということだ。事実、これ以後、日本の台頭とも相まって、アメリカとの関係は緊張度を増してゆく。

が、ここで最も知られていないのが、国際社会（具体的には列強）と中国との関係である。

この会議がアメリカの呼びかけで行われたということは、新規に中国市場に参入したいアメリカの意向が働いたということだ。具体的には中国市場の門戸開放と機会均等がそれに当たる。そのため、九ヵ国条約では、中国の主権尊重がうたわれ、門戸開放と機会均等が条約に盛り込まれた。

この九ヵ国条約における主権尊重が曲者だった。

中国の主張は、従来の関内（長城内）の、いわゆる中国本土を超えた部分、すなわち少数民族地域をも中国領と承認するよう迫ったものであった。具体的には、清朝の版図を全て受け継ぐということだ。

だが、それは、当時の少数民族地域に中国の実効支配が及んでおらず、歴史的にも根拠を持たない事実から、その主張には無理があった。そもそも、当時の中国は軍閥割拠の状態で、関内でさえ統治が行きわたっていなかった。

当時の状況（一九二二）を思い出していただきたい。

関内は、統一にはほど遠い状況を呈しており、これに諸外国が介入し、押し合いへし合いの状況が続いていた。辺疆地区では軍閥が半独立状態で乱立し、少数民族の叛乱（独立運動）も頻発し、おおよそ国家の体をなしているとはまるで言えず、代表団を送る資格さえ疑われる状態だった。

ところが、その主張がまかり通ってしまったのである。

これが少数民族にとり、決定的な分岐となる。与り知らぬところで自らの運命が決定され、中国版図に組み込まれてしまったのだ。

以後、この国際条約の拘束がこの地の原則になってゆく。

（四）馬姓軍閥とチベットの動向

日支事変が勃発し、西進した関東軍がフフホトを占領し、包頭まで侵攻したまでは語ってみた。では、その後日本はどのような戦略で、どのような戦術を採ったのか。

それは、内モンゴルの徳王を戴いての親日政権を樹立し、次いで東トルキスターンを独立させ、当地に反共政権を樹立することであった。これをもって、日支事変に勝利し、ソビエトから来る共産主義の浸透を防衛することを主眼とする。

そのために起こした作戦が五原作戦（打通作戦）である。すなわち、内モンゴルから東トルキスターンへ抜ける戦略路を確保することである。

この時、最も障害になったのが、五馬連盟であった。中国回教徒軍閥（通称・馬姓軍閥）である。日本も当然、彼らに対する懐柔を行ったが功を奏せず、反日の姿勢を採るに至った。

張承志の『回教から見た中国』（中公新書）によると、まず「馬鴻逵、馬鴻賓の抵抗によって、日本軍は、西へ砂漠を越え、アルシャン地域を制圧して新疆に進出することも、南の黄河を渡って豊かな稲作地域の寧夏を占拠することもできなかった。綏西作戦の後、中国を侵略した日本軍は大体内モンゴルの中部で止められ、さらに戦果を拡大することを断念した」とある。

青海省の馬歩芳は九年間にわたり日本軍と九回にわたる戦役を戦い、日本軍の西進を止めていた。かくして、日本は、黄土高原を越えられず、東トルキスターンへの道は閉ざされたままであった。国民党は、この回教地区の抵抗をほめたたえ「抗日の大後方」「抗戦、救国の基地」と呼んでいる。

ちなみに、馬歩芳はジャーフリーヤ派等イスラーム神秘主義諸派(タリーカ)に敵対していた関係で、そのライバルたるワッハーブ派(イスラーム原理主義)を採用し、正式教義に採用した経緯がある。

ワッハーブ派はアラビア半島で誕生し、その祖師アブドル・ワッハーブがサウード家(首長はアブドル・アジーズ)と結びつくことで、サウジアラビア建国の思想的支柱となっていたが、その教義はアッラーの唯一性(タウヒード)を強調し、いささかでもそれに抵触する場合は容赦なく弾劾・攻撃する体質を持っていた。それがいかに激しかったかは、マディーナにある預言者廟さえタウヒードに反するとの理由をもって破壊しようとしたほどである。

したがって、タウヒードに抵触していると見なしたイスラーム他派には非常な攻撃性を見せてゆく。とりわけ、標的となったのがイスラーム神秘主義やシーア派で、サウジアラビアでは前者はほぼ根絶され、後者は強制改宗の悲劇に見舞われた。それと同様の対立が中国にまで持ちこされ、聖人崇拝や聖人廟（ゴンバイ）を教義に持つイスラーム神秘主義教団はワッハーブ派の格好の標的となってゆく。

馬歩芳は、自らの権力を後ろ盾にワッハーブ教義を強制し、ために西北地区はワッハーブ派の急速な台頭を見、遂には中国全土に拡大してゆく。

馬姓軍閥、とりわけ馬歩芳（青海軍閥）が強力であったのは、こうした思想的強靭さにも依っている。その結果、関東軍はついに西北地域を打通できず、包頭で膠着状態に陥ってゆく。

今少し、馬姓軍閥について書いてみる。

彼らは何も関東軍と戦っていただけではない。隣接するチベット人やモンゴル人とも戦っていた。

まず、チベットの状態を簡単に説明したい。

チベットは、モンゴル帝国、次いで清帝国の下で、ダライ・ラマをトップとした自治権を獲得していた。

今少し説明すると、次のような歴史を辿る。

もともと、チベットは八世紀にティソン・デツェン王の下で仏教の国教化がなされていた。王は、インドから当時最高の仏教学者とされていたシャーンタラクシタを招聘《しょうへい》し、その指導の下、サムイェーの大僧院を建設する。そのサムイェーで、漸悟《ぜんご》を主張するカマラシーラ（シャーンタラクシタの弟子）と頓悟《とんご》を主張する摩訶衍《まかえん》（敦煌から来た禅僧）が悟りに至る方法論をめぐり激しい論争を展開する。これが史上有名なサムイェーの論争と呼ばれるもので、悟りに至るには段階を追って修行を続けなければならないとする漸悟主義と、一挙的な飛躍により達成されるとした頓悟主義がぶつかったのだ。

これは、何度も行われた論争であったとされるが、勝ったのは漸悟派であった。その結果、チベットはインド仏教を採用しインド文化圏に参入する。これは重要な意味を持っている。中国が主張する「チベットはもともと中国版図に組み込まれ、中国文化圏に入っていた」との主張は、その前提から否定されることになるからだ。

そのチベットにモンゴル軍が侵攻したことで、仏教がモンゴルに伝播してゆく。具体的には、オゴデイ・ハーンの次男グデンが高僧サキャ・パンディタに帰依したことから、それは始まる(一二四四)。これが、後の元を支配したモンケやフビライにも受け継がれ、チベット仏教は国教とされ、サキャ・パンディタの甥パクパをもって国師となし、チベット統治を彼にまかせた。

その後、アルタン・ハーンがデプン寺のソナム・ギャツォにダライ・ラマ(大海の高僧)の名を贈ったことがダライ・ラマ制度の始まりである(一五七八)。

このソナム・ギャツォは、チベットが生んだ高僧ツォンカパの高弟三代目に当たる転生者であったことから、ダライ・ラマ三世とされ、五世の時にグシ・ハーンの支援を受け世俗政権を打倒して政教一致の支配体制を構築する(一六四二)。

一方のパンチェン・ラマは、もともとはシガチェのタシルンポ寺の座主に贈られた称号だった。その後ダライ・ラマ五世が自らの師ロサン・チューキ・ギャルツェンにタシルンポ寺の所領を与え、その代々の転生者がそれを引き継ぐことになる。ちなみに、ダライ・ラマは観音菩薩、パンチェン・ラマは阿弥陀仏の化身と見なされている。

これが、モンゴルとチベットの仏教を通じての交わりである。

この関係は清朝でも継続し、文殊菩薩の徒を任ずる満洲族(清朝)はチベット仏教の権威を借り、自らの王権を聖化していた。この両者の関係をチュ・ユン関係と言っている。いわゆる寺檀関係と言ってもいい。

むろん、それは政治が絡むことにより、単なる寺檀関係ではない。

チベットには、一八世紀初頭にジュンガル部が侵攻し、一八世紀末にはグルカ兵が侵攻し、それを追い出すため清軍が介入している。そうなると、チベット内での清軍の力は増大し、国内政治にさまざまな形で制約を加えてゆく。

だが、これが一九世紀に入るや、清の衰弱が始まると、その影響力が減退してくる。

そこへ入って来たのが大英帝国である。

一八八八年に、大英帝国インド総督府軍がチベットに侵攻し、九〇年には清朝とカルカッタ条約を結び、通商地ナドンを設置する。チベットは、自らの与り知らぬ場において条約を締結されたことに憤慨し、以後ロシアとの接近を模索する。

これが、大英帝国とロシアのグレイト・ゲームに巻き込まれる端緒となる。この事態を重く見た大英帝国は、新疆省から南下してくるロシアの脅威に対抗すべくチベットへの北進を開始する。

一九〇三年、ヤングハズバンド隊（武装探検隊）が首都ラサを占領し、ここにそれまで採っていたチベットの鎖国体制が崩壊する。それに伴い、ダライ・ラマ一三世がモンゴルに亡命する。これを機に起きたのが清朝と大英帝国との抗争で、これにダライ・ラマとパンチェン・ラマの確執が加わって、チベットは混迷の地となってゆく。

清は、この混乱を収拾すべく二千の遠征軍を派遣してチベットの直轄領化を図るとともにダライ・ラマ一三世の廃位を目指すことになる（一九一〇）。かくして、それまで続いた両国のチュ・ユン関係は崩壊した。

だが、ここで予想も付かぬ事件が起こる。辛亥革命（一九一一）である。チベットはこの機に乗じて叛乱を起こし、清朝の置いていた駐蔵大臣を追放した。新中国（中華民国）はおっとり刀で軍を送るが、東チベット（チャムド付近）で迎撃され、追い返される。

その混乱に乗じてチベット支配を目論んだのが大英帝国である。大英帝国は亡命していたダライ・ラマ一三世を帰還させ、親英政権の樹立を目指した。

この目論見を実現するため開かれたのが、インドで開かれたシムラ会議である（一九一三～一四）。これは、チベット、中華民国、大英帝国が出席した三方会議で、中国のチベットに対する宗主権を認める一方、内外チベットを分割し、内チベットの内政はチベットの専権事項となり、大英帝国の貿易独占権・治外法権・ラサ駐在代表権とチベット・インド国境線（マクマホン・ライン）が承認されることになる。

これが中国側に不利だったことにより、禍根を残すことになる（従って正式調印には至っていない）。この条約で中国は、確かにチベットの宗主権は認められたが、実質的な支配権は喪失し、かつ国境線の線引きにも強い不満を持つに至る。

要するに、この会議で大英帝国全権代表ヘンリー・マクマホンがやったことは、インド領の国境線を北上させるマクマホン・ラインをチベットとの間で締結し、表向きには中華民国の主権を承認しつつ、チベットを実質的な独立国家に引き揚げたことであった。

事実、チベットはそれに乗じて、外チベットと認められたカム地方に進撃し、これを解放。さらに進んで東南地方にも軍を進め、雲南にまで達する勢いを示してゆく（一九一七）。と同時に、内政でも大英帝国の支援のもと、国政改革に着手して、八千の常備軍を創設し、郵便制度を新設し、独自の通貨を発行するまでになってゆく。ダライ・ラマ一三世はこれを「チベットと大英帝国は一つの家族になった」とまで述べている。

この常備軍創設に当たっては、日本もまた関係している。その任に当たったのがチベット軍の軍事顧問となった矢島保治郎である。

矢島は、習い覚えた測量術を駆使してラサ市街図を作成し、それがダライ・ラマ一三世の眼にとまり、軍事顧問に抜擢される。当時のチベットには、ギャンチェに駐屯していた英国軍がチベット人将校を教育しており、中国の軍事制度を模した連隊もあり、ロシア式で訓練された部隊もあった。また、インドではチベットから派遣されてきた将兵が砲術・機関銃訓練を受けていた。そこへ、矢島の日本式連隊が追加されることになる。

言わば、チベットに関係する全ての国が関わっていたわけであるが、その成果を競うため、演習が行われた。その最優秀と認められたのが矢島の部隊であったという（ただ、政治的配慮から正式にチベット軍制に採用されたのは英国式軍制であったのだが）。

当時のチベットには、青木文教や多田等観らが西本願寺から派遣され、教育・社会分野でチベットの近代化に尽力するが、軍事面でもその一旦を担っていたのだ。

ただ、これによってチベットの近代化が達成されたとは言いがたい。

そもそも、チベット政権は、地方への支配権を掌握し切れていなかった。

各地には半独立的な地方政権が幾つもあり、「ラサの支配も北京の支配もごめんこうむる」との姿勢を貫いていた。その極め付けが、カンパ族の貴族ボンダザン家の蜂起である（一九三二）。ダライ・ラマ一三世が遷化《せんげ》したこの年、彼らはカム王国独立を目指し、武装蜂起し、チベット中央政府から派遣されていた駐屯軍に襲いかかった。この時はチベット中国連合軍に鎮圧されたが、以後も混乱は続いてゆく。

それだけではない
中央政府でも、幾多の派閥が存在し、対外的にも英国派・中国派・中立派が入り乱れ、さらにはインド留学派・パンチェン・ラマ派や東チベット派が加わって、際限のない抗争が続いていた。

もともと、チベット政府には金がなかった。

ダライ・ラマ一三世は傑出した名君だったが、地方に根を張る貴族や僧院の領地（荘園）には地代や税をかけようにもかけられなかった。これに課税すれば、かなりの額が入ってくるはずであるが、彼らの抵抗によってままならない。しかも、近代化や対中国政策で、常備軍を倍以上に増強し、さまざまな社会改革を行わなければならない。

この場合問題であったのは、僧院が独自の武装勢力（僧兵）を持っていたことである。したがって、中央政府直属の常備軍が整えば、自らの力が削がれてしまう。そのため、これに強い抵抗を示していた。要するに、封建社会から近代社会への移行期最大の問題が噴出したのだ。

これは日本との比較で容易に分かろう。天皇をダライ・ラマに、諸藩をチベット地方政府（貴族や僧院）に代入すれば、ほぼ同じ関係であることが了解できる。

日本もチベットも、明治天皇やダライ・ラマ一三世のカリスマにより、地方の抵抗を抑え込もうとしたのであるが、前者は成功、後者は成功を見なかった。

だが、近代化（この場合は中央集権国家の樹立）を見なければ、中国の侵略は防げない。

それをダライ・ラマ一三世は、誰よりもよく見通していた。だから遺書にも言っている。

「もしわれわれ自身の国を守ることができなければ、父であり息子であるダライ、パンチェン両ラマ、信念の奉持者、光輝く活仏は全て遺棄され名前すら失われてしまうだろう。僧院と僧伽は、その土地と財達を破壊されるだろう」（『ダライ・ラマの肖像』）と。

一三世には、チベットの未来がはっきりと見えていたのだ。

一方、この時期のパンチェン・ラマは、ダライ・ラマ一三世が亡命していた八年間（一九〇四〜一二）、実質的な国主として君臨していた。

それが、ダライ・ラマの帰国によって支配権をめぐる争いに発展し、敗れたパンチェン・ラマは中国へ去ってゆく。そして、それを受け入れた国民党は月々四万両の給与をもってパンチェン・ラマを厚遇し、チベットへの影響力を行使する機会をうかがってゆく。

ダライ・ラマ一三世が遷化するのは、このような状況の下であった。

ただちに、一三世の後を継ぐ転生霊童の探索が始まった。

一三世にまつわる言動が取り沙汰され、シャマンの占いが行われ、一三世の聖遺物を携えた探索チームが派遣された。その行き先はアムド（現青海省）。彼らは、チベット最大の転生霊童を求めるため、その旅を続けてゆく（一九三三）。


さて、その後のチベットである。

前述のシムラ条約は中国を抜いた形で二国間協定として発効するが（一九三八）、この影響は第二次大戦後、すなわち人民中国（中華人民共和国）の成立以降にも及び、一九五九年に勃発した中印国境紛争はまさにこのマクマホン協定の線引きをめぐっての紛争だった。国民党との内乱に勝利した人民中国がチベットを侵略し、インドと国境を接することになったからだ。

この紛争は、その後本格的な武力衝突に発展し（一九六二）、先制攻撃を仕掛けた人民中国の圧勝のうちに終息した。人民中国は、この年に勃発したキューバ危機（米ソ対立の核戦争危機）を巧みに利用し、その影に隠れながら自国に有利な線引きで紛争を処理しようと試みた。彼らの言う「自国に軍事的不利な場合は国境を画定しない。有利な場合に小戦争を引き起こし、有利な国境を画定する」とのテーゼが見事に成功した事例である。対するインドは、ネールと周恩来の平和五原則に基づく友好関係（中国とインドは兄弟＝ヒンディー・チーニー・バイバイ）をもって懐柔され、中国への警戒感をまったく持っていなかった。その間隙を突かれたのである。

ちなみに、この影響はその後の歴史にも及び、当時の中ソ対立を反映しソビエトがインドを、中国がパキスタンを支援する緊張関係に発展する。その究極の形が、ソビエトによる中国への核攻撃計画（これはアメリカの介入により寸前で放棄される）であり、インドの核武装とそれに対抗したパキスタンの核武装を引き起こす。

チベットを巡る領土主権問題は、絡まり合う糸のごとく複雑化し拡大し、今にまで至っている。国際関係の相互依存が典型的に示された事例である。

一方、この間の動向には日本もまた関係していた。

前述のグレイト・ゲームに関して言えば、新疆省からチベットへの南下を目指していたロシアがなぜ大英帝国に後れを取ったかは、ひとえに日露戦争の存在によっている。この時、ロシアは、日本との戦いに勢力をそがれ、チベットに介入できなかったのである。これが、グレイト・ゲームのユーラシア大陸での帰趨を決めた。大英帝国は栄光ある孤立を捨て、日英同盟を締結し、チベットの確保によりインドの領有を維持し、東アジアへのロシアの拡大を食い止めたのだ。

最後に、このチベットの動向が馬姓軍閥に与えた影響を述べておく。

チベットは右に述べた四川省に軍を派遣したため、その影響が青海、甘粛等各省に拡大してゆく。このチベットの進撃を阻止すべく立ち上がったのが馬姓軍閥の一人馬麒である。馬麒は奮戦し、奪われた領土を取り戻した。

騒乱はまだ続く。

一九三一年。この年もう一度チベット軍の進撃が始まった。

これが「青海・チベット戦争」と呼ばれるもので、馬麟、馬歩芳の親子がチベット軍を迎え撃つべく参戦してくる。

馬姓軍閥の力は強かった。チベット軍の戦線は崩壊し、青海から追放される。

この影響は絶大で、これ以後青海におけるチベット人の抵抗は抑え込まれ、しばしの間平穏が保たれる。

以下に記す西川と木村の西北・チベット行の背後にはこのような歴史が繰り広げられていたのである。

(五)チベット潜入(その一)——西川一三

このチベットに潜入したのが、興亜義塾出身の西川一三である。

西川は福岡の中学を卒業後、満鉄に入社。

満鉄は、当時の青年たちのあこがれの的であったが、サラリーマンとして勤めることを良しとせず、興亜義塾に入塾する。築山と同じ三期生に当たるが、イスラーム班（回教班）であったため、築山のモンゴル班とは違っている。社会人経験があったため、同期生二五人中最年長の塾生だった。

塾では、外国語の習熟、現地訓練（西川の場合は百霊廟の四子部落のサッチン廟）を経て、後は卒業を待つまでになっていた。

ところが、ここで事件が起こる。

酒の勢いに乗じて、中国人ボーイを殴ってしまったのである。

「無意味な暴力は異民族教化の敵である」

塾当局は、そう即断し、ただちに西川ら二人を退塾の処分にする。

異民族工作の人材を養成する塾当局の態度は厳しかった。

さあ、困った。

西川は、しばし途方にくれるが、西北地区への思いは変わらず、何とか前川塾長の許しを得て卒業する。そして、念願であった西北潜行を張家口日本公使・次木一に頼み込み、東條英機

（当時の首相）の辞令と準備金六千円を得て、勇躍西北への旅に出る。

東條の辞令は、先に紹介した通りである、「西北シナに潜入し、シナ辺境民族の友となり、永住せよ」と。

そこから彼の八年にわたる西北への単独行が始まる。

西川は広大な仏教ベルトを形成するモンゴルからチベットへの巡礼者（モンゴル名ロブサン・サンボー）として旅立つことになってゆく。


さて、彼の潜行を語る前に、チベットの地理について見ておこう。

まず押さえておかなければならないのは、チベット領が今ある「チベット自治区（ウ・ツアン地方）に限っていないことである。かつてのチベットは、今は青海・四川・雲南に分割された地域、すなわちアムド（東北チベット）やカム（東チベット）にまたがる広大な地域を指していた。その合計は、一二〇万平方キロにのぼり、これから紹介する西川・木村の潜行も、この地域を舞台にしたものである。

その中心地ラサ（神の大地）は、ウ・ツアンの中心に位置し、高度は三六五〇メールル。したがって、富士山とほぼ同じ高さにある。まさに世界の屋根にふさわしい。

そのため、いきなりラサに降り立つと、高山病に罹患する怖れがある。症状は多様であるが、頭痛から始まって、眠気や気だるさ、さらには食欲不振に襲われる。それがさらに昂ずれば、低地に降りなければ収まらない。西川・木村の記述にはそれが見られないところを見ると、次第に高度を上げたため身体が順応していったのか、それに掛かりにくい体質を持っていたのであろう。まことに幸いなことであった。

だが、異邦人には厳しい自然も、その姿は美しい。空気が澄んでいるため、非常な透明感が感じられる。かつて、ここには黄金郷伝説があったが、それも確かに頷ける。西川・木村が旅したチベットは、低地から隔絶された遥かなる大地であった。

その西川の記録であるが、『秘境西域八年の潜行（上、中、下）』（中公文庫）に詳しく記されている。感心するのは地理的記述が正確なことである。何せ、頭が磁石となっているかのような記述である。したがって、彼の足跡が非常に正しく追跡できる。

次に、経験したことがこまめに記録されている。そのため、町の様子や人々の暮らし向きが鮮明に把握できる。断っておくが、この場合、日本人であることが分かると、非常な困難が降りかかる。国民党の勢力範囲を通過していたからである。

その一例を挙げてみる。

西川と同じく当地を踏破しようとした青年に小泉浩太がいる。彼はクルバンガリーに私淑して直接トルコ語とアラビア語の手ほどきを受け、昭和六年に日本を出発、大陸へ渡る。

「俺は、何としてもシナにわたり、西域を経、トルコまで行き着く。ユーラシアを横断する！」

小泉の意志は固かった。

小泉は、「時機を待て」との周囲の声を振り切って、大陸へ向かう。そして、西域に向う隊商に紛れ込み蘭州まで行き着くが、そこで官憲（国民党）に拘束され、スパイ容疑をかけられて処刑される。

小村によれば、「彼は克明に道中日誌を筆記したメモ類を所持していたのと、道中に要する旅費代わりに砂金の袋を携帯していたのが訊問の官憲の疑惑を一層深め、その心証を害する悪結果となった」（前掲『日本イスラーム史』）とある。

享年は三一。あまりに若い死であった。小泉のようにフロンティアで死んだ若者は数多い。

これから見ても、西川の旅がいかに困難だったことがよく分かろう。自然環境の過酷さに加え、政治的困難が伴うからだ。逆に言えば、それだけ彼はモンゴル人に成り切っていたのである。ロブサン・サンボーという一介のモンゴル人に。

前書によれば、西川を日本人と見破ったのは、かつて日本軍と共に戦ったインド国民軍の将校のみであった。

インド国民軍は志願兵や捕虜となったインド人将兵をインド独立のため日本軍と共に戦うよう組織された軍であるが、その時の国民軍将校が、西川の正体を見破ったのだ。生死を共にした直感が、見事に的を射たのである。

ちなみに、インド国民軍を最初に組織したのがF機関（藤原機関）である。彼はまず、降伏したインド兵を英国人から切り離し、次いで彼らの民族的自尊心に訴えた。

「君達は独立すべきだ。断固独立すべきだ。われわれ日本とともに独立のために戦おう」と。

これが激しい感動を呼び起こす。インド兵は熱狂し、最大五万人の独立軍に成長する。

むろん、日本も無償でインド独立を支援したわけではない。そこには当然、国益が存在する。

ただ、その呼びかけは大英帝国の行っていた植民地統治が持たなかった同じ目線でインド人に対したことにある。

大英帝国は、あくまで支配者然とした形で植民地支配を遂行した。だから、階級的な差異はもとより、日常的な生活規範も全く違える。したがって、食事を一緒にするなど皆無であった。ところが、その規範をF機関は違えたのだ。

まず、機関員は丸腰で彼らの前に現れた。次いで、捕虜たちと共に寝起きした。前者は、敵意のないことを示し、後者は捕虜であることを忘れさせた。

そして、事あるごとにアジア主義を吹聴した。「アジアはアジア人のものである。共に戦い大英帝国を駆逐しよう。独立だ」と。

そのインド兵の心を揺らす決め手となるのが次の有名な逸話である。「ある日F機関長・藤原岩市（少佐）がやおら地べたに座り込むと、手づかみでカレーを食べた」というのだ。

これは、大英帝国の将兵たちが誰もやったことのない所業であった。

これにインド人将兵が感動する。むろん、彼らとて馬鹿ではない。その行為が自分達を懐柔するための演技であることは十分に知っている。

だが、演技であろうがなかろうが、実際にそうした行為をしたことに胸打たれざるをえなかった。その出来事は、瞬く間にインド人将兵の間に伝わり、ここに決定的な共闘関係が実現する。西川の正体を唯一見破ったインド国民軍の元将校は、そうした日本人と苦楽を共にしたインド人であった。

彼らは西川に日本語で話しかけ、驚きながらもしらを切り続ける西川に、こう告げる。「もう隠すことはないよ」と。そして、「見よ、東海の空明けて……」と歌い始める。

ここまでくれば、西川の心も融け始める。表向きはモンゴル人であることを表明しつつ、日本語はできるという触れ込みで、日本語での会話を始め、遂には双方が共に合唱する邂逅の場となってゆく。

一方、西川はモンゴル人仏教徒として旅していたが、それが非常に幸いした。モンゴルからチベットにかけては分厚い仏教ベルトが続いており、巡礼者らがひっきりなしに往来する。この巡礼は非常な長期間にわたることもしばしばあり、中には五体投地を繰り返し、巡礼する姿もある。山を越え、谷を越え、まるで巡礼のために人生を賭けているような姿である。

行われる五体投地も壮観だ。熱狂すると、まるでダイビングするかのように、地上に飛び込む。飛び込んでは立ち上がり、飛び込んでは立ち上がり、それを無数に繰り返す。しかも、その巡礼地は、人里離れたカイラス山（カン・リンポチェ）やマナサロワールに見られる山や湖から始まって、聖人の瞑想窟や経典を隠したとされる岩場までが対象となっている。そこへ、苦難などものともせずに押しかけるのだ。何という営為であろう。

西川が参加した巡礼団には、こうした記述は見られないが、仏教に対する真摯な気持ちが伺える。むろん、西川にもそれは見られる。それは、後にチベット仏教の三大寺院デプン寺（ゴマン学堂）で修行していたことからも、仏教的知識を蓄えチベット語を熱心に学んでいたことからも推測できよう。こうした素養が旅をよりスムーズに続けられた由縁である。

それは、小泉が官憲からの追求をかわすため、キリスト教会に逃げ込んだのと対称的な姿であった。小村によると、「せめてイスラームのモスクにでも逃げ込めば、多少は変わったかもしれない」ということだったが、その判断を誤った小泉の現状把握は失策と言わざるを得なかった。

もう一つある。小泉は非常なメモ魔で、克明に旅の記録をつけていたが、これが致命的な結果を生んだ。西川の旅行記は戦後に日本で書かれてあり、それも全て記憶をもとになされている。

敵国の版図を旅する場合、メモ類を残すのは致命的な結果を生む。それが分からなかったのである。

ちなみに、築山は興亜義塾の同じ三期生として西川と親しくしていたこともあり、酒に酔うと彼の話題がしばしば出た。

「あの西川は七度もヒマラヤ越えをして旅を続けた」というのが、築山の口癖だった。それが始まると、「西川はああした、こうした」と続き、最後は「俺も後に続きたかった。いや、彼に先駆けて行きたかった」ということで締めくくられる。

その語り口は懐かしげで、しかしながらうらやましげなものであった。「馬に乗るなら俺の方が上手かったのに」というのが築山の負け惜しみで、無念の思いがとめどなく溢れてくる。本来なら、自分もあのように行きたかったと言いたいのだろう。

だから、戦後築山が小村と作った日本イスラーム友愛協会（昭和四二年に設立した外務省所管の社団法人）の定款《ていかん》には「西川一三らの記録を再現すること」との記述がある。

では、西川の持っていた思想は何か？

それが、端的に示されている箇所があるので、述べてみたい。

彼は、西北潜入を決意した時こう語っている。

「もとより、蒙古、西北を離れて私達の死処はない。身はたとえ追われようともふたりの心の底に流れているものは、いかにしてシナ西北に潜入しようかという一事のみである」（前掲書）と。

この言葉は退塾を申し渡された直後の言葉だが、西川の初心はその後も変わらず、後に西川を迎えに来た使者（張家口の蒙彊委員会からの使者）への答えも右の初心と同じであった。

その西川が愕然としたのが日本の敗戦である。これを耳にした時、さすがの西川も放心状態に陥った。

当然であろう。当地への潜入は自己の思いであると同時に、日本の戦勝のためでもある。大陸の少数民族（内モンゴル、西北シナ、チベット等）を日本に引きつけ、インパール作戦によりインド進攻を敢行した日本軍を巻き込んで、中国をフロンティアから包囲殲滅するためのものである。

それが、敗戦により全て無に帰したのだ。愕然とするのは当然のことであろう。

だが、ここで帰国を考えなかったのが西川の西川たる由縁である。

彼は、なおも放浪を続けてゆく。

なぜか？　答えは一つ。彼はそうした生き方が気に入ったのだ。性に合っていたのである。放浪は、とりわけフロンティアでの放浪は、肉体的な消耗を人に強いる。それは、時に生き倒れの危険を伴って、人を窮地に追い詰める。だがそれは、これ以上ない自由を与える。この自由こそ、放浪者（バガボンド）の求めてやまない境地なのだ。そして、西川もそれに魅入られた一人だった。

幸いなことに、西川は無類の肉体的強靱さを誇っていた。ヒマラヤ越えで凍傷にかかり、歩行もままならぬ身でカリンポン（インド）へ辿り着き、そこで乞食集団に入りながらも持ちこたえている。しかも、その精神はまったくめげない。回復すると、すぐに新たな旅への欲求が蘇る。放浪には持ってこいの心身を備えていたのだ。

実際、彼は日本の敗戦にめげず、ヒマラヤを越えインドに渡り、再び戻ってチベットに入り、再度ヒマラヤを越えている。何ともすさまじい放浪ではないか。

その放浪はあしかけ八年の長きに及んだ。

(六) チベット潜入(その二) ―― 木村肥佐生

西川と相前後して西北潜入を果たしたのが木村肥佐生である。

彼も興亜義塾出身者で、こちらは二期生であるから一年先輩に当たる。木村もまた中学を卒業するや、実社会へ出、その後興亜義塾に入塾している。

彼の実地研修は、チャガントロガイ・ホラルという山中の寺であったが、語学好きの彼にとっては、この一年間が絶好のモンゴル語習得の機会となり潜行の基礎となる。その後彼のモンゴル語はさらに磨きがかかり、インド滞在中も英語・チベット語の学習に余念がなかった。

木村の工作員としての下地は、こうした語学能力の獲得に依っていた。

ちなみに、当時の軍部(関東軍)は外モンゴルからの避難民に手厚い保護を加えていた。また、外モンゴル最高の活仏たるツェプテンダンバ・ホトクトの転生者捜索へも資金援助を与えている。いずれも関東軍の正面敵であった外モンゴルやソビエトへの政治工作の一環だった。

だが、木村の工作員としての潜行は、そうしたモンゴル工作の域を越え、当時の援蔣ルートを探る目的を持っていた。木村は、その国策を利用して、自らの目的、すなわち西北・チベット地区への旅への思いを遂げようとしたのである。

そして、その思いは実現する。彼はダワ・サンボというモンゴル人に成り済まし、ダンザンとツェレンチォーのモンゴル人夫婦と共に出発する。二十一歳の時である。

行く手には、国民党の軍閥（傅作義）がおり、共産党の八路軍が控え、馬姓軍閥が待ち構えていたが、それ以上に未知への憧れが強かった。

むろん、この旅への執着と国家的使命は矛盾するものではなく、一対になっている。

彼は、三路ある援蔣ルートの西北ルート、すなわちソビエト・ルートを探索する使命を帯びていた。この蔣援活動は、かなり大っぴらに行われていたようで、西川も幾台ものトラックがコンボイを組んで走り去るのを目撃している。


さて、その木村の旅だが、クンブム寺に着いた時、幸運にもパンチェン・ラマ（阿弥陀仏の化身）の戴冠式に出会っている。衆知の通り、パンチェン・ラマはダライ・ラマ（観音菩薩の化身）と並ぶ転生仏で、奇しくもそうした一大行事に偶然遭遇したのである。

このクンブム寺は青海省最大の仏教寺院で、西川は一年間チベット語の習得と仏教の修行に当てている。しかも、それはかなりの猛勉強だったようで、チベット語や仏教知識は抜きん出たものとなっていた。それは、語学の才を自負していた木村も認めるところで、「モンゴル語の発音は彼の方が上であり、僧院生活を経た経験から、チベット語にも通達していた」と述べている。

逆に言えば、このくらいできないと、この地での潜入を続けられなかったということだ。

さて、旅を続ける木村の前に衝撃の事実を突きつけられる。日本敗戦の報である。

そんな馬鹿な！

木村はその一報をにわかに信じることはできなかった。だから、国民党の組織する蒙蔵委員会や駐チベット英国代表部にもおもむいて日本敗戦を確かめるが、いずれも敗戦を否定する情報は得られなかった。

そこで決意したのがインドへの出国である。チベットでは埒があかない、インドに出れば、正確な情報が得られるはずだ——その見込みのもと、ヒマラヤを越え、インドのカランポンに赴く。そこで見たのが、日本の敗戦を報じるニュース映画であった。

やはり負けたか！

眼前には、自ら武器を供出し、武装解除に応じる日本兵の姿があった。焼け野原が続く祖国の姿があった。ぼろ着を着ながら廃墟の中をさまよう人々の姿があった。

彼の信じて疑わなかった大東亜共栄圏は跡かたもなく崩れ去った。

木村の脳裏にある風景が蘇った。

「一九三〇年代に内モンゴルの蒙政会議に出席した内モンゴル人の言葉がおのずと脳裏に甦った。『今、大勢のモンゴル人が日本軍の制服を身につけて日本に訓練に行っているがね、いつの日か、この連中が別の制服を身につけて、日本人を逆に海の中に叩きだすだろうよ』。彼は正しかったのだろう。占領地の人間と友情を結んだ日本人もないではなかったが、一般論を言えばあれほど過酷な統治をしていた相手から忠誠を期待でくるはずもなかった」（『チベット偽装の十年』中央公論社）

木村も、西川も、いや興亜義塾の塾生たちは、すべからく少数民族を友とすべく教育を受けてきた。そして、その教育通り、生きてきた軌跡が確かにある。

だが、そうした人間集団はほんの一握りに過ぎなかった。日本はやはり帝国主義国家であり、後に内モンゴルを国内植民地化した人民中国と比較して「まだましな宗主国」であっただけである。

そもそも、西川も木村も、大局的には国策とつながっており、日本人としてのアイデンティティーは消そうにも消せない存在だった。いかに、一介のモンゴル人、すなわちロブサン・サンボーやダワ・サンボになろうとも、である。

彼らが、日本の敗戦を知って、非常な衝撃を受けたのはその事の証左である。

しかし、日本が負けたからと言っても、何とか生きる指針を自ら見出し、前へ進まなければならない。

ちなみに、両者はカランポンで再会している。その時の出会いが何とも言えない。

西川は、敗戦の三ヶ月後、木村のいたカリンポンの事務所に飄然《ひょうぜん》として現れる。木村によると、「(西川は)子羊の毛皮で作った帽子をかぶり、ひげボウボウで黒の蒙古服に大きな荷物を背負い、太い棒を杖代わりについた男が立っていた」とある。

二人きりになったところを見計らい、西川がモンゴル語で第一声を挙げた。

「日本は負けたのかね」

二人とも日本語が出なかったのである。

その後、西川はデプン寺で修行すべくラサに戻り、木村はカリンポンに残って、セント・アンドリューズ・カレッジで英語の研修に邁進する。やがて、持ち前の工作員の経歴を買われ、大英帝国情報部の関係者（タルチンというチベット・ミラー・プレス社の発行者）から中国のチベット侵略の可能性を調査してほしいとの依頼を受ける。木村はそれを引き受け、修行中の西川に連絡し、カム地方（東チベット）へ偵察行を勧誘する。

当時、西川は本格的に仏教修行を行っていた。西川はモンゴル人を名乗っていたため、デプン寺のゴマン学堂（モンゴル人専用の学堂）に籍を置き、師僧となったイシ・ラマに指導を受けていた。

ちなみに、チベット仏教は宗派としては密教だが、日本密教と違うところは顕教を学ぶ期間が非常に長いことである。その修行方法は暗記、思考、問答（ディベイト）が中心になり、その成果を試すため学期試験や学位試験が行われる。その中で最も興味をそそられるのが問答だ。横から見ていると、そのやり取りが面白い。質問者が右手を頭上に高く上げ、伸ばした左手にパーンと打ちつけ、それと同時に床を踏む。次いで、右手を打ちつけた左手から離しながら、相手の頭に近づける。

「さあ、どうだ？　この問いに対する見解はいかに」といったところか。

問われた僧はただちにそれに応答する。それが正しければ、それで良し。だが、そうでなければ、質問者はグルグルと回りながら、ここをせんぞと責め立てる。そして、答えをせかしながら、手に持った数珠を振り回す。そこで答えられなければ、それで終わり。答える側は、下うつむいて敗北を認めるしか他はない。

西川の記述には、寺の制度や修行の様子が丹念に書かれているから、熱心に修行に取り組んでいたのであろう。おそらく、何もなければ、さらにここで修行を続けていたに違いない。

だが、木村に誘われては断れなかった。イシ・ラマからは大いに引き留められたようであるが、また戻ってくると言い残し、木村と共に偵察行に出発する。

非常に困難な旅であったようで、半死半生の体でラサに帰還してくるが、面白いのは、その途上、天皇を巡り両者がいがみ合い、口角泡を飛ばす論争をしていることである。木村が「天皇がいようがいまいが日本は生き残る」と述べたのに対し、西川が「天皇がいない日本など考えられん」と噛みついたのだ。しかも、それをモンゴル語でやったというのだ。両者の経歴がなせる技とは言え、天皇の存在を日本語ではなくモンゴル語で怒鳴り合う不思議な光景と言えるであろう。

ちなみに、その後の両者の生き方は、かなり違う。

西川は、木村と入れ替わって、チベット・ミラー・プレスに勤めながらラマに付いて修行を行い、仏跡巡礼のためインド・ネパールを経巡る。

一方の木村は、ラサで東チベット自治同盟の青年指導者＝プンツォク・ワンギェルと交流し、日本の明治維新を参考にしたチベット維新構想を立案する。

「私はチベット滞在中、革新的青年グループと知り合いになり、彼らと協力してチベットの中世的封建政治を改革しようと意図していた。明治維新を参考にして、世襲貴族や上級ラマからなる上院と、選挙された代表からなる下院の二院制度、及び廃藩置県をモデルに、貴族や寺院の領地接収とその代表としての処遇案などを提案した。また改革の根本精神として、五ヶ条の御誓文を翻訳したりもした」（『チベット潜行十年』中公文庫）

改革派は、このチベット維新構想をまとめ、チベット政府に嘆願書を提出する。

これを見ても、木村の体質がよく分かる。良かれ悪しかれ、政治工作に関心があるのだ。

だが、この試みは失敗する。チベット政府はこの動きを警戒し、木村を好ましからざる人物として国外追放の処分とする。

そのことがよほど腹に据えかねたのであろう。戦後、当時のチベット政府の重鎮（パラ元大臣）が訪日した時、その思いをぶちまける。

木村は、パラに向って「私のことを覚えているか」と確かめながら、首をひねるパラに向い、興奮しながらまくしたてる。

「私などのことは覚えているはずがない。あの頃あなたは天下の大パラでしたから。あなたの顔をまっすぐ見られるチベット人は殆どいませんでしたが、私はあなたの顔をよく覚えているよ。私はあなたの顔を忘れない。私達が嘆願書を出しに行ったときあなたは私達にものを言わせずに、叱り飛ばした張本人だった。あのとき、私達の警告にチベット政府が耳を貸していればこんなことにはならなかったはずだ」（前掲書『チベット偽装の十年　恩師・木村肥佐生先生の思い出――ペマ・ギャルポ』）

木村の無念のほどがうかがえる。

事実、ワンギェルら改革派は悲劇の末路をたどってゆく。彼らは中国共産党のチベット人党員として人民解放軍の侵攻に協力を惜しまなかったにもかかわらず、その後独立を主張したとの理由をもって分離主義者と名指しされ、粛清に伏されてゆく。

ここが西川と非常に違う。西川の対象は何と言っても放浪だ。西川は戦後になっても、まだ見ぬ世界への強烈な憧れを持っていた。だから、前述の帰還命令も握りつぶし、敗戦後もあくなき放浪を求めていたのだ。


しかし、どちらにせよ、そこには自ずと限度があった。西川も木村も、敗戦国民の一人である。かつてのように、その背後に大日本帝国がついているわけではまったくない。

西川は、一人の放浪者として、ビルマへ、さらにはアフガニスタンへの旅を構想するが、見果てぬ夢になってゆく。

一方の木村は、日本への思いを断ちがたく、カルカッタ港で日本船（ジャカルタ丸）と出会ったことを契機にして、帰国を決断。インド当局へ名乗り出る。その時の模様が胸打たれる。

「桟橋に横づけになっているのは、横腹に日の丸を描いたまぎれもない日本の船である。中に入ると越中ふんどしにゲタをつっかけた船員がいる。その姿を見た瞬間、私はグッと胸を締めつけられるような感じがして涙ぐんだ。三輪船長に会っても話が思うようにできない。十年近くも日本語をしゃべらなかったためか、相手のいうことはよくわかるのだが、こちらがしゃべろうとしても、ことばがうまく出てこないのだ。実にじれったい感じがした。船長の横にいた人が、もうカラになりかけている下関ウニのびん詰めをとり上げて、割り箸をそえ私にすすめてくれた。ウニをなめているうちに、迷っていた私の心ははっきり帰国に決まった」（『チベット潜行十年』中公文庫）

無理もない。誰しも、このような状況では、木村のような反応をするであろう。

だが、問題はその時起こった。木村が西川の身を忖度して、その所在を警察に告げたのだ。西川から言えば、明らかな密告であった。おそらく、この時、二人の関係は最終的に途絶えたと思われる。日本に対する、いや世界に対するスタンスが違っていたのだ。西川には木村の覚えた望郷の念は未だない。あるのはただ、未知の世界への憧れだけである。

だから、木村の忖度などよけいなお世話にしか思えなかった。

「邪魔するな、俺はまだ世界を見てみたいのだ」と。

だが、身元が明らかになっては、どうしようもない。

二人は八ヶ月の収監を経て、日本へ送還される。

その日本上陸時のエピソードが、西川がたどった長い辺境での時の流れを示している。

「故郷への切符と一枚の千円紙幣を握らされた我々は、千円紙幣にびっくりし、『どうか十円紙幣の細かい金にかえて戴けますまいか』と係員に願い出たら、笑って相手にされなかったのもその筈。神戸駅前の一杯のみ屋で木村君と互いに別れの盃を酌みかわしたら〝銚子一本百円也〟だった」(『前掲書』)

一方の木村は日本帰国を淡々と書くのみである。

「私と西川氏は、このプレジデンシイ刑務所で政治犯として約八ヵ月を過ごした後、昭和二十五年七月、サンゴラ丸で日本に送還され、十二年ぶりでなつかしい母国の土をふんだ」(『チベット潜行十年』)

その後、二人は外務省に報告に出かけるが、「その必要はまったくなし」とけんもほろろに追い返される。

戦後の混乱期であったため、そのような扱いをされたのだろうが、それにしても素っ気ない。というよりも、あまりにひどい仕打ちである。日本のためフロンティアの探索に命懸けで邁進した人間をいったい何だと思っているのか。このように国家に棄民化された日本人は数多い。

それと対称的だったのがアメリカ占領軍（GHQ）である。GHQは西川・木村両名を当時日本郵政ビルにあったアメリカ極東軍参謀本部・対諜報活動局（G-2）に召し出して、それこそ根掘り葉掘りを聴取してゆく。その期間は何と一年弱の長きにわたった。新中国（人民中国）の建国がアメリカを刺激して、木村や西川の情報をぜひとも手に入れようとしたのである。勝者と敗者の違いがあるとは言え、アメリカと日本の違いは実に大きい。日本は、まったき意味で敗者となっていたのである。

その後、西川は、知人宅に閉じこもり、自らの記録を三千枚の原稿用紙に書きのこすことになる。木村も同じくその潜行記録を記してゆく。

だが、その帰国後の生き方はまったく違った。

西川は岩手県で、妻の実家の化粧品卸売業を引き継ぎ、その生活に追われてゆく。

木村は、ＣＩＡ傘下のＦＢＩＳ（外国語放送情報サービス）に雇われ、そこで二六年間勤めた後、亜細亜大学アジア研究所の教授となる。

その最期が何とも言えない。

妻信子氏によると、それは次のようなものだったという。

「（主人は）千葉国立病院に入院致しました。

長年の糖尿病の為に合併症が起こり、十余名の方達の輸血に助けられながら、ここでも三度の手術を受けました。手術後に麻酔科の先生が、

『あなたの名前は。』

と尋ねられました。主人は暫く天井を見ておりましたが、しっかりした口調で
『名前は言えません。』

と申しましたので、驚いた私は咄嗟に
『ダワ・サンボです。』

と答えてしまいました。すると、主人は、きつい目で私を見てから先生に、

『逃亡ではありません。潜行です。』

と低い力強い声で訴えました。これが最後の言葉となり、十月九日朝、力尽き、ダワ・サンボとして他界致しました。」（『チベット偽装の十年――夫・木村肥佐生の思い出より』）

他方、西川の最後は伝わっていない。おそらく、ごく普通の日本人として息を引き取ったのであろう。

晩年の彼に会った知人によると、チベットのことにはほとんど触れず、「一日の仕事を終え、一杯やることだけが今の私の楽しみだ」と答えたと言う。事実、彼は表舞台にほとんど姿を見せていない。あの潜行については、自らの心の中で反芻するに留めておきたかったのだろう。

帰国後の二人の最後は、このようにして終わりを告げた。敗戦を機会に目標を失った彼らにとっては二度目の終焉であったかもしれない。

その後、彼らの足跡を残した遥かな大地は、さらなる混乱と流血の大地となってゆく。

第六章　戦後の行方

（一）建国即侵略

一九四九年。この年、中華人民共和国が建国される。

清朝末期から続いていた混乱を収束させ、ようやく統一政権が誕生したのだ。

人々は、天安門から建国を宣言する毛沢東の言葉に胸詰まらせた。

だが、辺境の諸民族には、一抹の不安がよぎっていた。

「共産党は民族自治を約束している。だが、それは本当に履行されるのだろうか」と。

と同時に、彼らはこの機会を好機と捉え、民族自決にも動いてゆく。

彼らにとっては、この新体制への移行期こそ、千載一遇の好機と見えた。内モンゴルは外モンゴルとの合併を目指し、東トルキスターンもチベットも独立を待望した。

が、共産党にそれらを認める気はさらさらなかった。

内モンゴルでは、中国からの分離派(外モンゴルとの合併派)を抑え込み、中国初の民族自治区(内モンゴル自治区)を成立させ、チベットや東トルキスターンには人民解放軍をさし向けて独立の芽を摘み取った。

要するに、辺疆地区へ占領国として乗り込んだということだ。

以後、これら地域は名ばかりの民族自治区と名付けられた国内植民地となってゆく。

その共産党が実施した政策が「民族識別政策」と「民族区域自治制」である。

要するに、言語、文化、宗教、歴史等の総合的見地から版図内少数民族を五五に弁別し(民族識別)、その弁別を基に地方自治(民族区域自治制)を分け与えるものであった。具体的には、当地の人口に占める割合とその絶対数を鑑みて、上から自治区、自治州、自治県と割り振りして行ったのである。

現在では、五自治区、三〇自治州、一二〇自治県が存在し、そこに五五の少数民族が混在している。

具体的に示して見ると、A民族自治区B民族自治州C民族自治県のような形態となる。チベットを例に取ると、本来のチベット版図であった東チベット（カムやアムド）は中央チベットから切り離され、甘粛・青海・四川・雲南に分割され、その中でチベット人が多い地域がチベット自治州（一〇州）、チベット自治県（二県）とそれぞれ配置されている。

これから見て分かることは、諸民族の混在を巧みに利用し、彼らの独立願望を抑え込んでいることである。しかも、それら民族自治区は漢人の大海に浮かぶ島々のような存在になっている。

それを規定した「中華人民共和国民族区域自治実施要綱」（一九五二）があるので、それを紹介してみたい。そこにはこう書かれてある。

「各民族の自治区はすべて中華人民共和国領土と切り離すことのできない一部分である。各民族自治区の自治機関はすべて中央人民政府の統一的指導のもとにある地方政権であり、かつ上級の人民政府の指導を受ける」（第二条）と。

後にこれは、各民族が団結して一大家族を形成し、帝国主義に反対すると明記され（一九五四）、文革時には「民族問題とは要するに階級問題に帰着する」となり、民族そのものの役割が否定されることになる。

これでは、民族的権利拡大（高度な自治や独立）などとうてい望めるものではない。

これがいかなる意味を持つかは、ソビエトの場合と比較すればよく分かる。

ソビエトも版図内に多くの少数民族を抱えていたが、民族自立を承認する立場から連邦制を採っており、その憲法（スターリン憲法）にも連邦からの離脱権を認めている。

それは、確かに表向きのものであり、自治・独立を求める諸民族には徹底した弾圧が加えられたが、それでも連邦離脱（分離独立）は認めていた。

それを中国は徹底して封じたということだ。

実は、モンゴルに関しては、一九三五年延安で出された三五年テーゼというものがあり、そこでは内モンゴルの民族自治、いや独立にまで言及していた。

これは、かつての中華ソビエト共和国憲法を再確認するものだったが、共産党に三五年テーゼを守る意志などさらさらなく、ソビエトの連邦制も踏襲せず、民族区域自治という平凡な民族自治区を与えたに過ぎなかった。

かくして、内モンゴルは民族の下位ランクたる「族」にされた。

すなわち、モンゴル民族ではなく、モンゴル族にされたのだ。これはきわめて巧妙な政策である。民族でなく、それより下位の族であるため民族自決の主張ができず、独立の条件が封じられているからだ。

では、中国の言う民族とはいったい何か？

中華民族ただ一つである。

したがって、少数民族はすべからく、中華民族内チベット族、中華民族内モンゴル族、中華民族内ウイグル族等々となってゆく。むろん、理論的には、漢民族も民族ではなく、中華民族内漢族になるのだが、彼らは圧倒的多数を占めるため、中華民族＝漢族という等式が成立する。したがって、少数民族を中華民族内諸族にするとの政策は、漢族に同化しろとの主張に他ならない。要するに、新たな装いをした大漢民族主義が、この政策の本質なのだ。

これでは、少数民族の立つ瀬はない。

結局、民族でない少数民族は自立権を認められず、したがって独立を主張できず、漢人社会に同化することだけが求められることになる。

その駄目押しが、民族自治区と称された行政機構の中味だった。

それは、表向きの民族自治とは裏腹に、共産党の党委員会書記に権限が集中し、それを漢族が占めたことで、少数民族の権限はほとんどなかった。

その結果がいかなるものになったかは、この間の歴史が語る通りである。

民族自治区を名乗る限り、最も尊重すべき文化や宗教がなし崩しに否定され、文化大革命期には全面的に破壊され、さらには打ち続く同化政策により、壊滅的な打撃を受けるに至った。

この民族政策（中華民族思想）は、孫文の思想にその萌芽が見え、蔣介石によりほぼ完成し（中華民族の概念の確立）、それを共産党が引き継いだことになる。

中国が少数民族の独立阻止を言う正統性は、こうした民族政策に依っている。

では、その後彼らの命運はどのようになったのか？

それについて、語ってみたい。

（二）チベットの場合（その一）――チベットを片づけろ

それは、一九五〇年に始まった。

この年、国民党との内戦に勝利した共産党は、人民解放軍をさし向けて、チベット侵略を開始した。

占領は、ほとんど抵抗という抵抗を受けずに完了した。

それには、力の差が歴然とあったことにもよっているが、それだけではない。チベット自身の統治にも問題が山積し、民衆の不満が鬱積《うっせき》していた。

それは、前章で紹介した木村の記述からもよく分かる。

そこには、チベットの貴族政治（封建体制）への批判が何ヵ所にも渡って述べられている。したがって、解放軍が侵攻した折、それを歓迎する機運も確かにあった。

木村は、あるチベット人にこう尋ねている。

「中国人が攻めてきたら、どうするつもりか？」と。

チベット人はそれに答える。

「『中国人の味方をしますよ』。彼はためらうことなく答えた。『二十年以上前、わしの父親がこの地から中国人を追い出すために、チベット軍の味方をしたようにね。中国人はいつでも入ってこられますよ。国境の向こう側のチベット人はずっといい思いをしてまさあ。いつでも同じですわ。片方がいなくなれば、もう片方に搾取される。チベット政府はむやみに税金をとりたてるが、その税金も本当に政府に届いているのやら。役人の懐をふやしているだけかもしれませんな』。彼は口惜しげに頭をふった」（前掲書）

要するに、どちらが来ても、きわめて傍迷惑な存在だったということだ。

だが、当初中国にほのかな期待を持っていた民衆も、いざその統治が始まるや、わずかな間でしぼんでしまった。人民解放軍の占領とその後の共産党の圧政が明らかになったからだ。共産主義特有の全体主義、教条主義、さらにはナショナリスティックは大漢民族主義が露骨に現れ、民衆の怒りを買ったのだ。

今少し、その経緯を述べるとこうなる。

まず、侵攻してきた解放軍の食料拠出が問題となった。これは大いなる負担となり、チベット人の生活を苦しめた。次いで、解放軍にくっつくように中国人商人や職人が押し寄せたため、食料価格が高騰した。

当然、抗議の声が上がり、抵抗組織（人民議会）も設置され、レジスタンスが始まった。

ラサの町は、反中国のポスターで埋め尽くされ、反毛沢東・反共産党のスローガンが書きなぐられた。

当然、占領軍は黙っていない。一斉取り締まりが開始され、その指導者は拘束され、自治政府の聖俗二官の首相らも解任された。

チベット中国協定である十七条協定でさえ認めていた地方自治はもはやどこにもなくなった。これに、第一期全国人民代表大会（日本で言う国会に当たる）で、「チベット自治区準備委員会の設置に関する決議案」が採択された。

むろん、チベット側に権限はなく、中国側がその全てを取り仕切った。

その結果、共産主義特有の反宗教政策と階級闘争が強引に進められた。前者はチベット仏教への弾圧につながり、後者は私有財産の放棄や制限、さらには情報統制（私的自由の制限）がこれに加わる。

これが民衆の怒りを買った。とりわけ、反宗教政策の名で進められた改革には反発が強かった。

当然であろう。当時のチベットは、あらゆる社会機能が僧院と結びついていた。医師も僧、薬剤師も僧、教育も僧、芸術も僧、占い師や名付け親まで僧がその役割を担っている。むろん、政治も僧たちが運営していた。

それは、ダライ・ラマの居城であるポタラ宮を見れば分かる。ポタラ宮は僧院であると同時に官公庁であったのだ。

現在のポタラ宮は観光地化されており、さまざまな仏像や聖遺物が置かれているが、それは数ある中の一つの姿でしかない。かつてのポタラ宮は、その中に教育施設（学校）や図書館を備えており、警察や兵器庫まで存在していた。ダライ・ラマはその全てを統治する文字通りの祭政一致の国主であった。

そうした社会政治システムを、ことごとく廃止しようというのである。

これでは、抵抗が起きない方が不思議である。

むろん、共産党もその事はある程度理解しており、そのための手は打っていた。

まず、チベットの二大転生者たるダライ・ラマとパンチェン・ラマの分離を図り、後者を自らの勢力に抱き込んだ。

一方、前者には、近代化の何たるかを教えるため、さまざまなプランを用意した。

その一つが、北京に呼び付けることであった（一九五四）。

毛は、ダライ・ラマを洗脳するため、汽車に乗せ、飛行機に乗せ、ビル群を見せ、北京に着くと宴席に招待し、各国首脳や外交団に引き合わせた。もとより、毛自身も幾度か直接会見し、その席上でマルクス主義の優越性をひけらかし、旧社会の打破について講釈した。

「お前も、古くさい仏教など捨て去って、チベットの近代化に尽力してみたらどうなのか」と。

この時、毛とダライ・ラマの年齢差は四〇歳前後ある。

現在のダライ・ラマは、十分なキャリアを持つ宗教政治家として自他ともに認められる存在だが、この時はまだほんの駆け出しの青年僧でしかない。

さすがに、相手にならなかった。

その駄目押しが、右に述べたチベット自治区準備委員会の立ち上げである（一九五六）。

この構成を見れば、中国のチベット支配が一目瞭然《いちもくりようぜん》に了解できる。

ダライ・ラマは体のいい議長職（中央チベット議長）に祭り上げられ、その実権は副議長たる張国華・占領軍司令官が握り、その周囲を西チベット統括副議長たるパンチェン・ラマと事務総長たるアポが占める体制となっている。むろん、パンチェン・ラマとアポの配置は中国の意向に沿ったものである。

この処置が終わった時、毛はこう漏らしたと言う。

「これで終わった。後は一千万の漢人をチベットに送り込むだけである」と。

だが、それは、いささか時期尚早だった。

この時、チベットでは反中国の叛乱が開始されていたのである。

それは時と共に拡大し、その二年後には八万もの武装勢力に成長していた。

この戦いには僧たちも参加しており、そのため仏教者ならではの問題もあったようだ。というのも、戦いへの参加は不殺生戒に触れるからだ。

だから、「共産主義の暴虐から仏法を護るためにやむを得ない」とする意見と、「不殺生戒をもし破れば、そのカルマは未来永劫付いて回り、永遠に救われない」とする意見が衝突していた。

だが、勝った方は前者であった。

この非常時に当たって、僧たちは迷いながらも、その手に銃を取ってゆく。

ただ、一度銃を握らせるや、僧たちは最強の戦士となってゆく。

もともと、日頃から厳しい上下関係と戒律に縛られていた彼らである。その暮らしは軍隊生活に近似していた。そのため、通常新兵が施される軍律の問題は初めから除外できた。

加えて、僧院はチベット社会のネットワークの中核となっており、民衆の信頼と尊敬も勝ち得ている。その僧たちも参加したゲリラである。チベット武装勢力は、民衆の大海を泳ぐ精強な戦士集団になってゆく。

(三) チベットの場合 (その二) ——チベット蜂起

そして、一九五九年。チベット人はこの年立った。

それは、ダライ・ラマ一四世のもとに、解放軍から観劇の招待があったことから始まった。これが曲者だった。解放軍は、その際にボディーガードを同行しないよう要求した。

「これは怪しい」と誰しも思った。

当時は既にカムやアムドで叛乱が起こっていた(一九五六年以降)。

それが、どれほど中国にとって脅威であったかは次の記述『中国はいかにチベットを侵略したか』(マイケル・ダナム著、講談社インターナショナル、山際素男訳)を見れば分かる。

「我々は、ライフル、刀を手に民族衣装で身を固め、四列縦隊で威風堂々と行進した。濛濛《もうもう》たる香の煙が見渡す限りの原野に棚引き、先頭にダライ・ラマの肖像・数千頭の馬が谷間に闊歩し、部隊の意気と楽天さは見上げる空よりも高かった。先導するチュシ・ガンテク（チベット武装勢力）の軍旗は翩翩《へんぽん》として翻《ひるがえ》った」

人民解放軍は、このチュシ・ガンテクに振り回されていたのである。

むろん、彼らとて手をこまねいていたのではない。無差別の逮捕に伴う拷問、処刑、大量虐殺をもって応えていた。

だが、それでも、叛乱が収まらぬと見るや、「ダライ・ラマの居城たるポタラ宮を爆撃する」との脅しを出すまでに至っていた。

解放軍から誘いを受けたのは、このような状況下であった。

「ダライ・ラマが観劇に行けば、拘束される」――そう思った民衆は、大挙して宮殿を取り囲んだ。その数実に三〇万。

こうなると、後は騎虎の勢いである。

その勢いのまかせるまま独立を宣言した。

「十七条協定（中国が強制した中蔵協定）は廃棄する。独立だ！」と。

もはや、後戻りできない局面に達していた。チベット側は、ラサ市内の要衝にバリケードを構築し、解放軍と対峙した。

そして、迎えた三月一七日。解放軍は、ダライ・ラマの離宮であるノルブリンガに向け標準を合わせ、砲弾を打ち込んだ。そして、それを合図に戦車の援護を受けた歩兵部隊が進撃を開始した。解放軍は折り重なった遺体を逐一調べ、ダライ・ラマのものかどうかを確かめた。

ラサ市内は、たちまち大混乱の巷となった。

少数のチベット軍と民衆は、ダライ・ラマを逃がすために戦った。

劣勢は明らかだったが、それでも身を挺して戦った。

所持している兵器にも歴然たる格差があった。チベット側は、前時代的な砲まで持ち出し戦った。砲は、それでも何とか発射され、解放軍陣地を吹き飛ばした。

押し寄せる装甲車両にも抵抗し、それを幾度も押し返した。

だが、抵抗もここまでだった。

三日目に入り、抵抗は抑え込まれた。解放軍はしらみつぶしに市内全域を捜索し、敵だと見なした全ての者を拘束し、あるいは射殺した。その犠牲者は数千人に及ぶとされる。

到る所に死体の山が築かれ、無数の民衆が引き立てられた。

焼け焦げた街並みと強烈な異臭だけが残された。

解放軍は、消息不明のダライ・ラマを血眼になって探していた。

だが、その行方は、杳としてつかめなかった。


ラサを密かに脱出したダライ・ラマ一行は、追いすがる解放軍の追っ手を振り切り、インドへの逃避行を続けていた。

三月のチベットは厳寒の地となる。高いパスはゆうに五千メートルを超えている。積雪もうず高く、吐く息さえ凍り付く。

上空に飛来する偵察機の索敵が続く中、人も馬も息絶え絶えになりながらひたすら道なき道を進んで行った。最後は、赤痢にかかったダライ・ラマを担ぎ上げながら進んで行った。

解放軍も必死だった。ブータンをかすめる形でインドに落ちのびると見た解放軍は、ブータン国境に大々的に展開した。

ダライ・ラマ護衛隊もまた必死だった。

「何とても、猊下をインドまで送り届ける」

その一念だけで動いていた。

かくして、ダライ・ラマ一行は、逃げおおせた。

疲労の極に達した一行を、インド国境警備隊が最大の礼をもって出迎えた。

インド・ネルー首相の電文も読み上げられた。

「私と我が同僚はあなたを歓迎し、インドへ無事到着されたことをお喜び申しあげます」(『ダライ・ラマ自伝』)

ただ、国境警備隊はチベット兵の入国は拒絶した。

「まことに申し訳ないが、本国の意向により、あなた方の入国は認められない」と。

入国を拒否された護衛隊の兵士らは、それでも満足気にダライ・ラマに別れを告げると、元来た道を帰って行った。

「われわれは、これから再び戦うために戻ります。どうぞお元気で」

インド入りをしたダライ・ラマ一行は、それこそもみくちゃにされながら、車中の人になっていた。

一行を乗せた鉄道の沿線には、熱狂した民衆が押し寄せて、花吹雪と歓呼の声が途絶えることなく、主要駅ではあまりの人並みに列車が動けず、ダライ・ラマの挨拶が終わるまで動かぬ状態になってしまった。

かくして、ダライ・ラマは、中国の手の届かぬ遥かな大地へと姿を消した。


毛沢東は、チベット支配について、常々こう言っていた。

「全チベット人を監獄に送り込んでも、抵抗を抑え込め」と。

解放軍は、それを忠実に実行し、蜂起に参加した者（あるいはそれと思しき者）を殺戮し、生き残った者を収監した。

その報告を受けた毛は、一息ついて聞き返した。

「で、ダライ・ラマの方はどうなったのかね？」と。

「逃げられました」

それを聞いた毛は、こう漏らしたという。

「では、われわれの負けだ」と。

そう、確かに、その点では政治的に勝ち切れなかった。

また、軍事的にも、叛乱を完封するに至らなかった。

ゴンボ・タシ率いるチュシ・ガンテクは、解放軍の補給線を切断し、待ち伏せし、拠点を襲い、頑強に抵抗していた。また、チュシ・ガンテクは、自らの配下をコロラドやサイパンにある訓練基地に送り込み、逐次戦線に投入していた。

その訓練に取り組む姿勢は、ＣＩＡの顧問団を驚愕させるほどのものであったという。彼らは祖国の期待を一身に背負い、極限の訓練に耐えていたのだ。

だが、それでも彼我の差は如何ともしがたかった。

次第に追い詰められたチュシ・ガンテクは、ニクソン政権下におけるキッシンジャーの隠密外交による米中国交樹立で致命的な打撃を受け、アメリカからの支援を断たれる。次いで、解放区としていたネパールも中国の圧力に屈し、武装解除を求めてきた。そして、これに同意したダライ・ラマの勅令で、息の根を止められた。

これ以上の血を流してはならない――ダライ・ラマの決意は固かった。

それに対する戦士たちの衝撃は大きかった。あまりの事態に茫然自失し、身をよじって号泣した。全力を挙げて戦い、膨大な犠牲を払った結果がこれであった。

いかにダライ・ラマの命とはいえ、容易に受け容れられなかった。苦悩のあまり、自殺する戦士たちが続出した。武装解除に従わなかった者もいた。彼らはネパール軍の掃討にあって玉砕した。

何ということ！

チベット人の終戦を迎える心は暗い。あまりに暗い。

実際、チベットの犠牲は信じられないものであった。

アムネスティー・インターナショナルの報告では、この間一二〇万のチベット人が命を落したとされている。当時の人口が六百万であったことから、その五分の一が犠牲になったことになる。

なのに、なぜ戦闘を停止しなければならないのか？　考えれば考えるほど悔しさが込み上げた。

戦いの犠牲だけを言っているのではない。チベット人の心の拠り所となっていた宗教文化も中国支配で壊滅的な打撃を受けていた。近年、タリバーン（アフガニスタン）やＩＳ（イラク・シリア）が行った宗教文化施設への破壊は文化的大蛮行とされている。彼らのために、バーミアンの大仏は爆砕され、イラク・シリアの博物館の陳列品や遺跡群が激しい破壊にさらされた。

だが、人民中国の蛮行はそれどころではない。解放軍は、チベットの僧院群を大小問わず壊しまわった。その数は、数千件にも上るという。むろん、そこで修行していた僧侶たちが犠牲になったのは言うまでもない。

チベット人兵士たちはそれを想うたびに胸かきむしられる思いにかられた。

この心情を理解しにくいというならば日本に引き寄せて見ればいい。

日本国土が占領され、天皇が亡命し、大小を問わぬ神社・仏閣が破壊され、そこに住する神職や僧侶たちが殺戮され、皇居や伊勢神宮が観光客の慰《なぐさ》み物にされたなら、どう思うか。

言うまでもなかろう。戦うしかないであろう。彼らは最後まで抵抗したかったのだ。チベットは世界の屋根と称される高原の国である。そこでの戦いは、平地の人間には至難の業だ。平時でも正常で居られるのは難しい。ましてや戦時だ。ハリネズミのようになって戦えば勝機も生まれてこようと言うものだ。事実、チュシ・ガンテクはそのように戦った。

だが、チベットは敗れ去る。むろんそれには軍事的な巨大な格差、すなわち質量の差（軍勢の多さや近代化の有無）があったことは否めない。だが、精神的な面においても戦いに不向きだった。片や、「銃口から政権が生まれる（毛沢東）」とする暴力至上主義を唱える共産主義者と、衆生《しゅじょう》済度《さいど》を厳守してきた仏教徒の差が決定的に現れたのだ。

そして、その結末が、ダライ・ラマの戦闘停止に現れた。「これ以上、無益な命を落としてはならない。停戦だ」と。

もはや如何ともしがたかった。

チベット兵士は武器を置き、インドに逃れた一〇万のチベット難民ともども新たな道をたどってゆく。

（四）チベットの場合（その四）——なお、われわれは抵抗する、戦後のチベット

これ以後の戦いは、文化・政治の場に移った。

それは、中国共産党の主要イデオロギー、すなわち共産主義と中華思想、さらにはそれに由来する歴史認識との戦いである。

共産党はチベットの侵略を、封建制からの解放、前近代的迷信（仏教）からの解放として合理化していた。

それは、宣伝の巧みさとも相まって幾ばくかの共感を呼び、解放軍の侵攻を歓迎する向きもあった。

だが、中国支配が明らかになるに従い、その共感は急速に冷えてゆく。

比較的中国に好意的であったはずのパンチェン・ラマ（十世）も、宗教の自由や自治回復を要求する七万語にのぼる上申書を提出した（一九六二）。

毛沢東ら共産党指導部は、この事態に危機を覚え、パンチェン・ラマへの洗脳を繰り返したが、無駄であった。

その二年後、パンチェン・ラマは、ラジオ放送で「私はチベットがダライ・ラマの指導の下で再興することを信じている」と述べ、「ダライ・ラマ万歳！」と締めくくった。

まさに驚天動地の出来事だった。むろん、中国当局は狼狽し、発言を要請した当局の面子は丸つぶれにされてしまった。

もとより、パンチェン・ラマは拘束され、消息を絶ってゆく。

彼は、常にチベットへの帰還を申し出ていたが、その影響を懸念する中国当局に阻まれて、その願いを却下され、ようやく帰還を果たした後も中国の傀儡と見なされて後ろ指を指されてゆく。

まだある。前述の拘束により足かけ一〇年にものぼる監禁生活をようやく解かれ、公に姿を見せた時、中国人女性（李潔）を妻とし、一女をもうけていたことで、好奇の的になってしまった。チベット仏教（ゲルク派）の最高位の清僧がよりにもよって女性と交わり、子供までもうけているとは！

チベット人にとり、これをどう考えていいか分からなかったに違いない。

だが、それをもって、パンチェン・ラマを評価するのは早計であろう。

彼は、文化大革命で甚大な被害を受けたチベット仏教再興のために尽力していた。共産党にも、事あるごとにチベット人の地位向上を願い出ていた。

そのパンチェン・ラマが遷化した一九八九年、ダライ・ラマがノーベル平和賞を受賞した。

それに苛立った共産党は、パンチェン・ラマの遺体をミイラ化し、シガチェにあるタシルンポ寺の宝塔に収納した。と同時に、現ダライ・ラマの遷化の折には、パンチェン・ラマが次期ダライ・ラマを指名する権利を持つことから、その選考に向けての委員会を発足させ、来たるべき事態に備えてゆく。

しかし、こうした小手先の宗教政策では、どうしても齟齬《そご》が出る。

それは、一九九九年のカルマパ一七世（カルマ・カギュー派）の亡命で見事に証明されることになる。彼は、ひそかに寺坊であるトゥルブ寺（チベット自治区）を脱出し、車を乗り継ぎ、馬を駆い、ヘリを使ってヒマラヤ越えを敢行した。

その成功は、全世界のメディアを通じて一斉に報道された。

中国共産党は、カルマパ一七世とダライ・ラマのツーショット写真を見せつけられ激しい動揺に見舞われる。

要するに、いかに洗脳しても無駄であったということだ。

この間共産党は、ダライ・ラマに対抗すべく、それに代わる転生者を育てることに専念してきた。とりわけ、カルマパ一七世は、共産党期待の転生者として存在していた。彼は未だ青年で、遥かに洗脳しやすいとの判断もあったろう。

だが、その期待は見事に裏切られることになる。

カルマパ一七世（ウルゲンティンレー）は、中国の思いとは裏腹に、その信仰を貫くべく、ヒマラヤの彼方に姿を消した。

チベット仏教への信仰は、共産主義の洗脳限界をこれ以上なく示している。

今一つ、チベット仏教懐柔の限界を明らかにする事例を挙げてみよう。

パンチェン・ラマ一〇世が遷化したことによる一一世選出の捏造である。

この遷化に当たり、ダライ・ラマは慣例に従い、次代のパンチェン・ラマとしてゲンドゥン・チューキ・ニマ少年を指名した。

ところが、共産党はそれを認めず、自ら乗り出し新たなパンチェン・ラマを捏造する。以下はその指名の折の様子である。

「夜明け前のジョカン寺。少年たちの名前を記した象牙が中国人高官の手で金の壺に納められた。中国政府の指名を受けて、ボミ・リンポチェがテーブルに歩み寄った。リンポチェは壺の両脇をさすってから象牙をひとつ取り出し、それを中国当局のトップを務める羅干に手渡した。羅干が読み上げた名はギャンツェン・ノルブ。共産党員の六歳の息子だった。驚いたことに、幼いノルブ少年は黄金色の法衣と帽子を身に纏って隣室で待っていた――中略――選任から九日目、中国政府はノルブ少年を別のチベット寺院に連れて行った。ノルブ少年の背後には兵隊たちが並んでいた。兵隊たちはノルブ少年を持ち上げると巨大な玉座に座らせた。そして何百人もの僧侶を招集し、ノルブ少年の前に座らせた。『座っている少年に、みんないっさいにひれ伏せなければならなかったんだ』アジャ・リンポチェは恥ずかしそうに言った。『本来ならよろこばしい式典なんだが、だれひとり微笑む者はいなかった』」（ダライ・ラマ法王庁日本代表事務所・機関紙『チベット通信』）

だが、中国のこの捏造は高く付いた。

これを認める者はほとんどなく、この就任式に出席したアジャ・リンポチェも、アメリカへの亡命を果たしてゆく。

かつて毛沢東は、その政権奪取をペンと剣によるもの、と公言した。

しかり、その通り。毛ら共産党は、ペンすなわち謀略によってその支配を確立した。

が、謀略の過剰使用で世界中の非難を浴びる存在になっている。

偽パンチェン・ラマの就任はまさに、その典型的な例であろう。

彼らはペンによって人心を掌握し、ペンによってそれを失わしめているのである。


では、そうした共産主義の強制を緩めた場合はどうであったか？

それは、七九〜八四年に見られる宗教緩和政策に代表されよう。

この時、共産党はチベット亡命政府と交渉し、調査団を受け入れることを決定した。近代化し安定したチベットを見せ、中国支配の正当性を見せつけようとしたのであろう。

だが、この思惑は外れてしまう。

調査団は、行く先々で圧倒的な歓迎ぜめに遭ってゆく。調査団の周りにはチベット人が群がり溢れ、布施の申し出がひきも切らず、それを断ろうとすると、こう述べ立てるのが常であった。

「あなた方に布施をするのではない。ダライ・ラマ猊下に布施をするのだ」と。

調査団を迎える熱狂は、回を追うごとに激しくなり、文字通り下へも置かぬものとなる。そして、公然とチベット独立の声が上がる。

「ボゥ・ランチェン（チベット独立）！」と。

それまでの中国支配が覆された一瞬である。

共産党の唱えていた封建制からの脱却も、階級闘争による下層階級へのテコ入れも、そして何より迷信の故をもって行われてきた反宗教政策もまったく浸透していなかった。

われわれはいったいこの間何をやってきたのか？――共産党はこの光景に自問せざるをえなかった。

だが、チベット民衆から見れば、そのようなことは当たり前のことであった。それまで共産党の宣伝に従ってきたのは、何よりも身の安全を図ったからに他ならない。要するに面従腹背をやっていたに過ぎなかった。

一般に、民衆は非日常的な政治支配は我慢するが、日常的な生活規範への介入（この場合は信仰への介入）は最も嫌がる。その嫌がることばかりを共産党はやってきた。これでは、叛乱を起こしてくれというようなものである。

その状況を知ろうと思えば、清朝と中国の支配を比較してみるといい。両者ともチベットの宗主国であったもののその内容は大きく違った。決定的に違ったのは、清朝がチベット仏教を十分に尊重し、その存在を認めていたことである。その限りにおいて、チベット人も政治的不都合に眼をつぶることが可能であった。

だが、共産党は、あろうことか、その仏教を破壊して廻っていた。これでは、民衆の支持は得られない。それが、このたびの調査団の派遣により、奇しくも露呈してしまった。

共産党は、この事態に驚愕し、調査団受け入れを無期限に延期した。

それに油を注いだのが、一九八〇年代後半に起きたチベット蜂起だ（八七～九〇）。チベット人は、溜まりに溜まった鬱積をはらすべく、波状デモをかけ続けた。

その最大の衝突となったのが一九八九年一二月のデモである。この時鎮圧に向った武装警察は、デモ隊に向けて発砲し、多くの参加者が犠牲となり、中国政府は戒厳令をもってこれに対した。

当時のチベット自治区のトップであった人物が、後の共産党総書記になる胡錦濤である。彼はチベット弾圧を踏み台に、党中央委員会政治局常務委員に昇進してゆく。

その時の武装警察の弾圧を隠し撮りした映像が残っている。ガスマスクを付けた武装警官が、こん棒を振りかざし、逃げまどう僧たちを滅多打ちに乱打している。中国政府は例のごとく、暴徒に対する正当な取り締まりとしているが、ここまで来ると、茶番以外何ものでもない。

国際世論は、これに硬化し、ノーベル委員会は、その年の平和賞にダライ・ラマを選出した(一九八九)。

ちなみに、この間ダライ・ラマは事あるごとにチベットの窮状をアピールし、中国への要求を突きつけていた。漢人移民の制限を、基本的人権と民主主義の保証を、自然環境の保全を、とりわけチベットでの核廃棄物処理の即時中止を、と。

と同時に、こうも述べて中国との協議を呼びかけた。

「われわれは独立を求めない。ただ高度な自治を保証するよう要求したい」と。

しかし、中国はこれに応じず、その提案を黙殺してゆく。と同時に、独立を高度の自治に引き下げたこの提案は、チベット人にも戸惑いを与えてゆく。

それが明らかになった時、たまたまチベット支援の集会に参加していた友人(サポーター)は次のように語っている。「それまで意気軒昂であった会場は、声もなく静まり返った」と。

さらに、チベットには、至難な情勢が続いてゆく。

最大のチベット支援国であるインドが、中国との国境線確定と引き換えに中国によるチベット支配を承認したのだ。二〇〇三年のインド首相バジパイの北京訪問でのことである。

では、これをもって、チベットへの国際支援は途絶えたのか？

むろん、そうはなっていない。

それは、北京オリンピック反対の世界的デモを見れば即座に分かろう。

あの時、「フリー・チベット（チベットに自由を）」の声は、世界全土に響き渡り、共産党を狼狽させた。世界各国を巡回した聖火も至る所で五輪ボイコットを唱える抗議の嵐に見舞われる。

まず、ギリシア（アテネ）での採火式で、国境なき記者団の創設者ロベール・メナールら三名が式場に乱入したのを皮切りに、イスタンブールやロンドンでの警備陣との衝突を経、パリに至っては安全を確保しえないとの理由から二度にわたって聖火が消され、バスの中に移されるまでになってしまった。

同様のケースは、ハリウッドの映画界でも起こっている。チベットを題材にした「セブン・イヤーズ・イン・チベット」では雪山獅子旗《せっせんしき》を背景に、「中国のチベット占領で多くのチベット人が殺害され、僧院が破壊された」とのテロップまで流されている。中国はこれに苛立《いらだ》ち、東京国際映画祭への出演を取り消したが、それがよけいに彼らの非道を浮き彫りにさせる結果を生んだ。

世界世論は、明らかにチベット支援に傾斜していた。

チベットの武器はまだある。

その切り札が、仏教である。

チベットは、ダライ・ラマという自他ともに許すスーパースターを抱えている。また、その教えも世界中に拡散し、とりわけ欧米では多くの信者や支持者を集めている。

皮肉なことに、これは中国の行った宗教弾圧の結果であった。

この間、本土のチベット仏教は過剰な弾圧に曝《さら》され続けた。

「ダライ・ラマの写真を飾るな、持つな」

「僧院の人数を制限しろ。僧院に入れる際には当局の許可を得ろ」

「僧院でも、愛国教育を実施しろ」

「祭りの際には、当局の指示に従え」

それがどのようなものかは、折に触れて漏れ伝わるが、その一例が記されているので、それを引用してみたい。

「二〇〇五年十月の初め、ラサにあるチベット最大の僧院デプン寺に『愛国教育』を施すために『工作隊』が派遣された。僧侶たちは講堂に集合させられ、工作隊から教育を受けた。『愛国』教育の内容は、ダライ・ラマ法王を『分裂主義者』として非難し、中国共産党政府に忠誠を誓うことであった。何人かの僧侶たちが『教育』を拒み、役人たちとの間で口論が始まった。ガワン・チャンチュプ師二十八歳は、最も激しく口論をした一人であった。ガワン師は、法王を非難することを拒み、法王は『現世と来世の救済者』であると主張し、僧院から追放されることになっても後悔はしないと言明した。ガワン師はさらに『チベットは中国の一部である』との役人の主張に反論し、『チベットは歴史的に中国の一部になったことなど一度もなかった』と主張した。これに対し役人たちは口汚く彼を罵り、恐ろしい結果になると脅した。ガワン師は憤懣やるかたない様子で自室に帰ったが、翌日自室から出て来なかった。仲間の僧侶が部屋に行ってみると、彼が亡くなっているのが発見された……中略……デプン寺ではガワン師死亡の後、僧侶たちが集団で沈黙したまま座り続けるという抵抗運動を続けたために、僧院は閉鎖され公安当局の厳しい監視下に置かれている」(『小林秀英　中国民族問題研究・第九号』)

こうした抑圧政策がチベット僧をして国外に逃亡させ、その後の世界布教に繫がって行ったのだ。それが回り回って中国への抗議とチベット支援につながっているのである。

現在の状況はこのようになっている。

(五) ウイグル独立(三区革命) ── 束の間の夢

第四章では、盛世才が東トルキスターンの支配を確立したところまで記してみた。したがって、ここでは、それ以後の経過を述べてみる。

その盛の政権の性格は、もとより地方軍閥と見なされるが、政策面では非常な特徴を有していた。すなわち、容共(親ソ親中共)であったことである。

それ故、ソビエトも彼の政権を支援した。おそらく、このままの状態が継続すれば、ソビエトの傀儡政権となったであろう。

だが、ここで予想外の事件が起こる。

第二次大戦が勃発し、ナチス・ドイツがソビエトに攻め込んだのだ。

ソビエト赤軍は、ドイツの電撃戦に押しまくられ、後退の一途をたどる。

これを見た盛が態度を変える。いきなりソビエト人の追放と中国共産党員の拘束に踏み切った(一九四二)。と同時に、それと入れ替わるように、国民党軍一〇万が駐屯してきた。

この激変に政局が流動した。

それまで、盛の支配に不満を持っていた住民が叛乱の兆しを見せてきた。また、新たに派遣されてきた国民党軍と盛の摩擦も生じ、ついには盛による国民党派遣員の拘束に及んでゆく。

これを一九四四年八月の政変と呼んでいる。

これが蔣介石の怒りを呼び、盛の連行へとつながった。

だが、民衆にとっては、そのような雲の上の政争はどうでもよかった。

盛であろうが、蔣であろうが、異邦人の圧政者に変わりはない。

彼らは、ソビエトの支援を受けながら蜂起した。

これが三区革命である。すなわち、イリ・タルバガタイ・アルタイの新疆省北部三区で起きた革命の意味である。

当初、形勢は蜂起軍有利に大きく傾く。革命軍は民衆の支持を受けながら進撃を続けてゆき、東トルキスターン共和国の独立を宣言し（一九四四年一一月一二日）、翌四五年四月に全土掌握を完了した。

主席になったイルハン・トレは、次のように述べている。

「目を覚ませ！　いまは目覚めの時代となった。アッラーは我々の神であり、ムハンマドは我々の聖者であり、イスラムは我々の信仰であり、東トルキスタンは我々の祖国である。……団結したクルジャ民衆は直ちに中国政権を打倒し、我々のイスラム政権を樹立した。……血腥《なまぐさ》い圧政を意味する中国の旗は、我々の足下に踏まれて塵となった。我々は祖先から伝えられてきたイスラムの半月・星・スローガンの書かれた旗を挙げた。……いわゆる新疆が中国の一部であるというのは、真っ赤な嘘である」（『周縁からの中国』毛利和子、東京大学出版会）

他方、これとは異なり、世俗的な政治宣言も出されている。

「父たち、父の父たちは、われわれが今住んでいるここを『東トルキスタン』と呼んだ。昔からここにはウイグル、タランチ、カザフ、ウズベク、タタール人が住んできたし、いまも住んでいる。……われわれは誰なのか？　近くて遠い親戚たちは誰なのか？

これらの質問に対して、真実を求めるものは誰でも、わが民族と魂のルーツが中国ではなく、中央アジア、つまりカザフスタン、キルギスタン、ウズベキスタン、タタールスタンだというにちがいない。われわれが生まれたのは東トルキスタンなのだ」（前掲書）

これから分かることは、聖俗両者が同床異夢で独立運動を担っていたことである。

この同床異夢の独立志向は、今に至るまで続いており、中国がテロリストと批判する東トルキスターン・イスラーム運動は聖の部分を代表し、世界ウイグル会議（代表ラビア・カーディル）は俗の部分を代表している。

だが、独立の夢は、ここで潰える。

新疆の州都ウルムチに向け進軍していた独立軍は、ソビエトから突如停止を言い渡される。国民党軍が総崩れになる寸前のことであった。

なぜか？　それは、独立軍の頭越しにソビエトと国民党が取引していたことによる。具体的には、ヤルタ協定とその後における中ソ蜜月（中ソ友好同盟等）の故である。

まず、ヤルタ協定だが、新疆省と外モンゴルについて話し合われた。

ここで、まず確認しなければならないことは、ソビエトが民国政府（国民党政府）を中国の正統政府と見なしていたことである。そのため、現地の状況如何を問わず、東トルキスターンの支配権は、両者の合意が優先される。

では、その結果は？　外モンゴルと新疆の棲み分けが成立した。前者をソビエトのテリトリーとし、後者を中国のテリトリーと承認し合ったのである。

それは、民国政府が次のように切り出したことから始まったと言う。

「ソビエトが中国による新疆省の優位を認めるなら、外モンゴルにおけるソビエトの優位を認め、協議に応じるのにやぶさかではない」と。

その提案をソビエトが受け入れたのだ。

かくして、新疆省は中国領と認められ、外モンゴルはモンゴル人民共和国の主権が認められることになる（その後の国民投票で独立）。

これが、三区革命の終焉をもたらした。

独立派は大混乱を呈してゆき、イリハン・トレを初めとする純独立派は退けられ、アフメドジャンやアバソフら親ソビエト派が主導権を握ってゆく。

その結果できたのが、民国政府の保護下での自治政権（新疆省連合政府）である。

このような情勢である。独立派も親ソ派も、もはや発言権は持てなかった。

連合政府は一年で崩壊し、独立派は拠点としていたイリに戻り、新たな民族組織（保衛新疆和平民主同盟）を結成するが、これも人民解放軍が東トルキスターンに迫る中、ソビエトに妥協を強いられ、あえなく頓挫。残された指導部の面々も毛沢東の招きにより北京におもむくが、その途上の飛行機事故で全員死亡（これには謀略の可能性が取り沙汰されている）。

三区革命は、惨憺《さんたん》たる結果を見て終焉を迎えることになる。

(六) その後の東トルキスターン

さて、戦後の中国である。

共産党は、内モンゴルを自治区化し（内外モンゴルの統一を阻止し）、東トルキスターンに軍を進め、チベット制圧を試みる。

これを内政と捉えては断じてならない。

ずばり、立派な他国侵略である。

彼らは、版図外の領域に侵略軍を指し向けたのだ。

その東トルキスターンへの侵略は一九四九年に始まった。人民解放軍の先鋒隊が侵攻を始めたのだ。

もとより、これに対する抵抗運動が始まった。

各地に散在するレジスタンスが糾合され、オスマン・バドゥルをトップとする民族軍が編制された。

彼らは必死に戦うが、如何せん、その差が余りにも大きかった。

陸続として送り込まれる解放軍に対抗できず、敗退を重ねてゆき、オスマン・バドゥルは補捉されて処刑される（一九五二）

その結果、民族軍の残存部隊は解放軍に吸収され、その指揮官は左遷され、下士官ら兵員も分散入隊させられて消滅する。

それだけではない。

抵抗が止んだのに伴って、大量の漢人移民がこの地に押し寄せてきた。その中枢となったのが虜囚《りょしゅう》となった国民党の俘虜である。

しかも、その数が半端ではない。一〇万〜二〇万にも達する俘虜《ふりょ》たちが送り込まれてきたのである。これが建設兵団と呼ばれるものだ。その数は年と共に増えてゆき、三〇〇万にものぼったとされ、しかもその入植地は東トルキスターンの耕作地と水利権を奪ってゆく。

もともと、当地は広範な自治を認められて立ち上げられた経緯がある。

そこでは、民族の文化を保証し、宗教を保証し、天然資源を利用する権利を持ち、中国人移民の制限（当初の二パーセント以上に増やさないこと）を確約されたものであった。

ところが、これが完全な空手形であったことが、すぐさま分かる。そして、これに抵抗した地元民（あるいはそれと思しき人物）は力ずくでねじ伏せられた。また、従来の支配層を形成していた政界人・知識人・経済人・富裕牧民は次々と左遷され、あるいは粛清された。

まだある。

一九六〇年代に入ると、今度は親ソビエト派が粛清される。中ソ関係が極度に悪化したからだ。

そのような情勢である。

共産主義に懐疑的なイスラーム勢力は、事あるごとに弾圧を被っていた。

メッカ巡礼は途絶えて久しく、ウラマー（イスラーム法学者）の養成もままならず、この地に根を張っていたスーフィー教団は活動停止に追い込まれた。

民衆の宗教活動だけはかろうじて認められたが、金曜日の集団礼拝のホドバ（法話）にも制限が加えられ、自由な発言は封じられ、宣教（ダーワ）は認められなかった。

これでは、自由は何もない。まさに、窒息するような社会であった。

そのため、抵抗運動が散発的に沸き起こった。具体的には、まずは農民暴動が広がった。労働者も異を唱えた。学生や知識人もデモや集会を頻発させた。

対外的にも、問題が起こって来た。

東トルキスターンに隣接するカザフ・キルギス・ウズベク等への集団逃亡が常態化し、またそこからの反転攻勢がひっきりなしに起こって来た。そして、その背後にはソビエトの支援があった。

それが一時緩和したのが一九八〇年代である。

ところが、これも問題を大きくした。

当時、イスラーム世界に起こっていた復興運動と結びついたからである。

その口火を切ったのが、一九七九年に起こったイラン・イスラーム革命である。

中央アジアに隣接するイランで起きた革命は、直ちに周辺地域に燃え広がり、多大な影響を与えてゆく。

それが、どれほど熱狂的なものであったかは、革命を支持するデモ隊を見れば分かる。百万にも達するデモ隊が組織され、声を限りの絶叫が街中に響き渡る。

それは、イランの旧体制（シャー・パフレビー国王）を批判するものであり、それを支えるアメリカを批判するものであり、それを倒したイスラームを賛美し、その指導者たるホメイニを称えるものであったが、返す刀で共産主義にもその刃を向けていた。

彼らは叫んだ。「共産主義にも死を！」と。

このメッセージが、東トルキスターンに届くのに多くの時間はかからなかった。当地での抵抗運動の過熱化は、こうした宗教的高揚に依っている。

一方、ソビエトの崩壊に伴って、中央アジア諸国が独立し、そのナショナリズムも大きな役割を果たしていた。

そもそも、東トルキスターンはその名の通り、トルコ人の東端に位置する地域である。しかも、ウイグル人自身、カザフスターンに数十万、キルギスターン、ウズベキスターンにも数万のウイグル人が居住している。そのため、その影響はダイレクトに伝播する。

要するに、この地は、宗教（イスラーム）と民族主義の双方が高揚を見せていたということだ。だが、その反動も引き起こされ、当地の漢化教育の促進につながった。

まず、漢人の移民政策を展開し、新疆の人口構成を過半数にまで上昇させる。当然、それは社会の在り方を一変させ、漢語の習得が受験・就職を初めとする社会的上昇に影響してゆく。こうして、漢語教育を受け漢人学校を卒業したウイグル人を「民考漢《みんこうかん》」の名で呼んでいる。その比率は年々増し、新疆省では民考漢を第一四民族と揶揄するジョークが出るまでになっている。（当地では一三の民族が居住している）

その行き着く先が二〇〇〇年初頭から始まった漢語教育の徹底で、その代表がウイグル語教育の最後の砦新疆大学での授業漢語化である。

これにより、ほぼ民族の基本となる母語教育が失われた。民族の基本は、言葉・宗教・歴史等であるが、その全てにわたり、ウイグル人の民族アイデンティティーが破壊されることになる。現在は、かろうじてウイグル文学を学ぶ時のみ、ウイグル語授業が行われている。

一方、政治でも不運が襲う。

米同時多発テロ（九・一一テロ）が勃発したのだ。これに激怒したアメリカが、拠点となっていたタリバーン政権への空爆を開始した。

たちまち、アフガンの大地は大混乱に陥った。そのため、アフガンにベースを置いていたウイグル人は散り散りになって霧散し、ある者はパキスタンへ、ある者は中央アジアへ、ある者はイランへと逃げまどうことになる。

一方、これによって、アメリカの対外政策も一変する。

それまでは、比較的好意的に接していたチェチェンや、東トルキスターンの独立派にもイスラーム・テロリズムの名を課して、テロ戦争を宣言した。

これにあからさまに便乗したのが中国とロシアである。両国とも、それまでアメリカ世論を慮り秘密裏に隠していた少数民族のレジスタンスを大っぴらに公表し、テロ事件としてアピールをし始める。「われわれも、アメリカと同様、イスラーム・テロリズムに被害を受け続けていたのだ」と。

中国も、これを機に積極的な宣伝工作に出始めた。

実は、中国は、友好国パキスタンを通じ、タリバーン政権やアル・カーイダにも工作の手を伸ばしていた。具体的には、彼らに対する軍事・経済援助である。

これは、以前から公然の秘密であったようだが、それが暴かれることになったのだ。それによると、中国公安部は、ビン・ラーディンと取り引し、軍事経済援助と引き換えに東トルキスターン・イスラーム運動の動向を報告するよう求めていたとされている。

一方、人民解放軍は、タリバーン政権本体にも接近し、軍事顧問団を派遣していたらしく、その証拠には、アメリカの空爆（カンダハル爆撃）では中国兵らしき焼死体が二〇体ばかり見つかったという。

中国の触手は、アフガニスタン中枢部にまで及んでいた。

ちなみに、中国のテロ対策は年々強化され続け、対外的には九六年に立ち上げた上海ファイブ（中国・ロシア・カザフスターン・キルギスターン・タジキスターン）の強化を図り、同組織は参加国を増やしながら常設の反テロ同盟（地域協力機構）に昇格させている（二〇〇七）。

このような調子である。

国内での締め付けは、年々強化され続けた。

中国は反テロ局（公安省）を新設し、治安部隊の拡充を図るとともに、辺境自治区の県・郷・村の行政レベルで宗教管理を徹底し、とりわけイスラーム運動の抑え込みを図ってゆく。

だが、それでも抵抗は収まらない。

九〇年代初頭から一〇年間だけを取り上げても、およそ一千件にも及ぶトラブルがあり、その中の著名なものだけを拾っても、八〇年代の初頭には一〇・三〇事件（一九八一）、九〇年代に入ってもバリン郷叛乱（一九九〇）、イリ蜂起（一九九七）と続いてゆく。

日本では、あまり報道されていないが、その内実はきわめて深刻なものであり、バリン郷事件では、ゼイティン・ユスプに率いられた一万もの農民が銃火器まで持ち出して武装蜂起し、これに驚いた江沢民が（当時の共産党書記）や李鵬（当時の首相）が解放軍の動員（一〇万）を決定し、空爆まで行う騒ぎになっている。

また、イリ蜂起では、平和裏に行われたデモ（約一～二万人）に対し、四〇〇名余りの参加者を射殺し、千名以上の逮捕者を真冬の広場に集め、放水をもって凍死者まで出している。

むろん、平時の文化的抑圧もこれに並行して行われた。

当局は、強制移住を促すため、職業斡旋《あっせん》所を開設し、ウイグル人各家庭から最低一名の娘（一六〜二五歳）を拠出させ、中国本土に送り込む事業を開始した。

さらに身近な例を挙げれば、風俗にも介入し、イスラーム原理主義の象徴と見なされる長い顎鬚や女性のヒジャーブ姿（ヴェール姿）も禁止され、取り締まりの対象となっている。

ここまで来ると、組織的抵抗はできにくい。事実、この地の抵抗は組織レベルのものから個人レベルのものに変わっていった。

（七）ある原理主義者との出会い

二〇〇四年のことである。

東トルキスターン亡命政権の招待を受け、イスタンブールに赴いたわれわれは、東トルキスターン・イスラーム運動（ＥＴＩＭ）の指導者アハマドと会見した。

イスラーム運動は、中国からの分離独立を目指すイスラーム原理主義組織で九〇年代に結成され、抵抗運動を続けてきたが、現在は西側諸国の制裁やアラブ・イスラーム諸国からの支援停止で苦しい立場に追いやられている。

それでも、九七年にハサン・マフスームによって再建されたイスラーム運動は、当時アフガンに樹立されたタリバーン政権の庇護の下、ウイグル人コマンドの軍事訓練や隣接するカザフ、キルギスに地下組織を建設しながら、中国への出撃を繰り返していた。

九〇年代後半に起きた交通機関（鉄道やバス）への破壊活動や軍・警察への襲撃はこれらコマンド部隊の作戦と言われている。

が、ここで、思いもよらぬ事件が起こる。

米同時多発テロ（二〇〇一）である。

同じアフガンに拠点を持つアル・カーイダが世界貿易センターやペンタゴンへ特攻テロをかけたのだ。

アメリカは、これに激怒し、ただちにアフガン空爆に踏み切った。

現地はたちまち蜂の巣をつついたような大混乱に見舞われた。

ウイグル人も寝耳の水の災難に右往左往を繰り返し、ある者はパキスタン国境（トライバル・エリア）へ、ある者は中央アジア（を経てトルコ）へ、ある者は隣国イランへ、そして中国へ引き返して捕えられた者もいる。

党首のハサン・マフスームも、この時アフガン・パキスタン国境線でパキスタン軍に捕捉され、戦死した。

北京放送は、小踊りしながらこの掃討をトップ・ニュースとして報道した。

だが、イスラーム運動にとり、最も痛手となったのは、アメリカがそれまでの民族抵抗組織としての認識を変更しテロリスト指定をかけたことだ。

これによって、アラブ・イスラーム諸国からの支援も滞ることになる。

アハマドが、アフガンから逃亡したのは、こうした背景に依っている。


そのアハマドとは、投宿していたホテルで会見した。

静かな男であった。

聞くと、長期にわたりタクラマカン砂漠の刑務所に入所していたという。その怨念がこみあげてくるのであろう。時折、言葉の端々から怨念が滲み出る。

その口調は、穏やかだが、時折、ぞっとした表情を見せる時がある。

だから、その内容も怨念に彩られたものとなる。

「砂漠の刑務所での体験は、筆舌に尽くしがたいものだった。私はそれを十年にわたって味わってきた」

「中国政府がいかに非情な存在かは、この間のわれらに対する仕打ちで明らかである。

彼らはこの間、我が同胞を大量に拘束し、獄につなぎ、死に至らしめる弾圧を続けてきた。

知らないとは言わせない。私はこの身を通じ、そのことをこの目で見続けてきた」

「だから、彼らとは戦うのみだ。われらの数は少ないが、戦意においては彼らを遥かに凌駕する」

「いかに連中が強くとも、死を決したわれらを押しとどめることは、よもやできまい」

そして、われわれが日本人であることを考慮してか、次のようなコメントも付け加えた。

「かつて日本は、アメリカとの戦いで、カミカゼという戦術を採ったという。

その戦いでは、三千名もの若者が命を捨てて玉砕したと聞いている。

われらもまた、日本の若者と同様に中国に向け戦いを挑むことになるであろう」

「おそらく、近い将来、君たちは、われら東トルキスターン・イスラーム運動の戦士たちが中国の喉笛目がけて飛びかかり、戦う姿を見ることになるであろう」

また、言った。

「われわれがアル・カーイダと同列に論じられている報道がたびたび見られる。だが、それは違う。われわれと彼らは何の繋がりも持っていない」

そして、笑いながら念を押した。「もし、アル・カーイダと繋がりがあるならば、貧乏しながら青物市場で働くなどしていない。だから、アメリカとは戦わないし、ましてや日本となど戦わない」

おそらく、それは確かであろう。アル・カーイダの国際路線は、東トルキスターン・イスラーム運動の対中国路線と明確に違えるからだ。

これは、イスラーム過激派の中で常に問題とされている「国際革命と一国革命」の論争に行き着くが、多くの場合、両者は互いに離反して共闘をしていない。それどころか、互いが互いを罵倒して、時には内ゲバまで演じている。

その最たるものが、ムハンマド・ファラジュ（エジプトのイスラーム主義集団ジハード団の理論的指導者）の唱える「遠い敵、近い敵論」である。ファラジュは、遠い敵を優先する国際主義に反対し、まずは近い敵、すなわち自国政府を倒すことを最優先に掲げている。東トルキスターン・イスラーム運動もほぼこの立場を採り、民族自決を加味した形で運動を進めている。以上のことから、アハマドがアル・カーイダと共闘していたとは考えにくい。

「われわれの敵は中国だけだ。奴らをしとめることこそ、われわれの目的だ！」

最後は睨みつけるような表情で、そう言い切ると、言葉を止めた。


私は、その数年前、ダラムサラのチベット亡命政権の庁舎で、ニンマ派の高僧（国会議員でもあった）と会見した時のことを想い出した。

彼もまた、チベット蜂起を契機にして、若くしてインドへ亡命してきた経緯がある。その点では、中国への怨念は共通するところがあったはずだ。

だが、その雰囲気はまったく違った。

気さくな会話で、三〇分との限定を三倍近くも付きあってくれたこの高僧は、こちらが問いかける質問に丁寧に答えてくれた。

私は聞いた。

「あなたは中国共産党に祖国を追われてインドまで逃れている。では、今彼らのことをどのように思っているのか？」

彼は答えた。

「共産党とは話し合いを通じ、われらの自治を認めることを望んでいる」

「だが、共産党は、亡命政府を分裂主義者と批判して、一切の交渉を断っている。だとすれば、話し合いとは別の形、すなわちある種の力も必要になるのではないか」

「それはバイオレンスのことを言っているのか。そうだとすれば、それは違う。もし、力を行使してゆけば、それは共産党と同じ土俵に乗ってしまう。

われわれは仏教徒だ。仏教の本質は非暴力に存在する。したがって、力の行使は望まない」

「そのことはよく分かる。あなたはチベット仏教の僧であり、チベット人の大多数も敬虔な仏教徒だ。だが、同時に、あなたは国会議員でもあり、政治に密接に関わっている。

政治では実力が物を言う。実力がない者が何を言っても、その声は届かない。

そのことを私は言っているのだ」

「チベット人の中にも、そうした意見の者は多い。あなたが前日に会見したというチベット青年会議の若者も、そうした意見の持ち主だ。

彼らは、動かぬ現実に苛立っている。何もできない亡命政府を無能だと罵って、時にダライ・ラマ猊下にさえ、反対意見を突きつける。そして、何より、暴虐の限りを尽くす中国政府に憤り、力の行使を訴える。

だが、それは誤った選択だ。もしそれを今やれば、世界からの支持を失い、共産党の思うつぼにはまってしまう」

彼は、穏やかな表情で、淡々と私の問いに答え続けた。

だが、一度だけ、その表情を曇らせたことがあった。

「あなたは今、急進的な若者の考えを否定された。では、うかがいたい。人は、同胞や身内を傷つけられ殺されて平静を保てる者はいない。その場合は強い憎しみや怨念を感じるはずだ。

それをも、あなたは否定するおつもりか。それでも、理不尽な暴力をふるった者に慈悲を貫くことができるのか。そもそも、あなた自身、祖国を追われ、このような理不尽な仕打ちを受けている。それを強いた中国人に憎しみを感じないのか」

その時初めて、たじろいだかのような態度が見られた。

が、一呼吸置いた後、静かな答えが返って来た。

「憎しみが、私の心から取り除かれるのを願っている……」

「……」

今度は、私の方が、どう答えていいのか分からなかった。

しばしの沈黙の後、彼の方から切り出した。

「だが、憎しみを除くことと戦いを止めることとは同義ではない。今後とも、われわれは戦い続ける。どうかわれわれの境遇を日本の人々にも伝えてほしい。そして、われわれへの支援を訴えてほしい」

そう言うと、別れ際すうっと手を伸ばしてきた。

柔らかい手であった。

「将来、チベット独立の日が来ることを心から願っている」

いささか紋切り型の言葉であったが、それ以外の言葉は浮かばなかった。

「サンクス」と彼は答えた。

顔が涼やかにほころんでいた。

だが、アハマドからは、そうした感情は一切見えない。

その心中は、怨念で満たされている。

それは、チベットでぶつけたと同じ質問をした時に、はっきりと示された。

私はこう聞いてみた。

「あなたは、中国人をどのように思っているのか」

その答えは峻烈だった。彼は吐き捨てるようにこう述べた。

「中国人など、顔を見るのも吐気がする」

そして、駄目を押すようにこう付け加えた。

「連中は、私を釈放したことを真に後悔するはずだ」

それが嘘でないことは、その後の経過が物語っていた。

北京オリンピックと上海万博を標的にする——そう宣言していた東トルキスターン・イスラーム運動は、その通りの行動を採ってゆく。

ずばり、中国へのテロリズムである。

それが、表に現れるのにそれほど時間はかからなかった。

イスラーム運動は、国内外にいる戦闘部隊を動員し、テロ決行の指令を出した。

だが、中国公安当局は、それを遥かに上回る情報網と警備体制を取っていた。

おそらく、当局からリークされた情報であろう。次のベタ記事からそのことがうかがえる。

「中国の通信社・中国新聞社電などによると、中国・新疆ウイグル自治区の公安当局は(本年一月)八日、同自治区のパミール高原地帯で、今月五日にテロリスト一八人を射殺、一七人を拘束した、と発表した。その際、自家製の手投げ弾二二発、製造中の手投げ弾一五〇〇発以上を押収した。同電によると、射殺、拘束されたのは新疆独立を目指すテロ組織とされている『東トルキスタン・イスラム運動』のメンバー。パミール高原に訓練キャンプを設置、そこを拠点にテロ活動を行っていたという。

公安当局側は摘発の過程で反撃を受け、要員一人(黄強)が死亡。一人が負傷した。

同自治区では、中国の支配に反発するウイグル人の分離独立運動が根強く、一九九〇年、九七年には大規模な暴動が発生した」(『読売新聞』二〇〇七年一月九日)

この事件の後、ウルムチ市では殉職した黄強のために追悼集会が開かれ、「革命英雄」の称号が授与されたという。

もう一つ紹介しておこう。

「新華社通信などによると、中国公安省は一〇日、中国西部・新疆ウイグル自治区のテロ組織二グループを摘発、四五人を拘束したと発表した。メンバーはイスラム系独立派組織『東トルキスタン・イスラム運動』から送り込まれ、北京五輪の選手誘拐や爆弾テロ、食品を使ったテロなどを計画していたとされている。

公安当局は今年一月四日から一一日にかけて、最初のグループ一〇人を拘束、爆弾一八個、爆薬四キロや『聖戦』を呼びかける宣伝物などを押収した。

さらに三月二六日から四月六日にかけ五輪選手や外国人記者、観客らの誘拐を計画していた別のグループのメンバー三五人を拘束した。その後の捜査で一部メンバーはテロの対象として北京や上海のホテル、政府ビル、軍施設の監視も命じられており、遠隔操作爆弾や毒薬の投入テストも終えていたことが分かったという」(『毎日新聞』二〇〇七年四月一一日)

おそらく、これがアハマドの言っていた攻撃部隊、しかも虎の子の主力部隊であったのだろう。

だから、オリンピック本番で行われたその他のテロ――昆明でのバス二台の爆破や、カシュガルでの手投げ弾投擲や銃撃戦——は、その残存部隊が行ったものと考えられる。

むろん、こうしたテロへの対応は熾烈を極めた。

検問や盗聴から始まって、ウイグル人のほぼ全家屋に捜査が入り、ハイジャック防止のため、北京・新疆間の空路からウイグル人乗務員が外されるに至っている。

ここに、チベットと東トルキスターンの違いが見える。

チベットは、亡命政府が樹立され、その統制下での闘争が組まれているため、跳ね上がった運動は見られないが、東トルキスターンの場合は大衆闘争に特化した世界ウイグル会議から武装闘争に突き進むイスラーム原理主義集団まで幅広く存在する。中国はこれを一まとめにテロリストと総括するが、チベットのように統一した組織中枢を持たないため、コントロールができにくい。近年に見られるローン・ウルフ型のテロともなると、制御不能になっている。

これに、業を煮やした中国は、ウイグル人そのものの抹殺を図る民族の抹殺に踏み切った。その実態は徐々に明らかにされつつあるが、凄まじい内容となっている。即ち、一〇〇万人余りもの強制収容、強制移住、強制労働、強制改宗、強制避妊、臓器摘出、文化消滅が繰り広げられている。ポンペイオ（トランプ政権の国務長官）は、この状況をジェノサイドと認定した。つまり、民族そのものの抹殺を組織的に行っていると認定したのだ。

共産党はただちにこの認定を否定したが、その直後にBBCが「強制収容されていたウイグル人女性の証言（集団レイプや強制避妊）」を報道したため、ジェノサイド認定がより真実味を帯びてしまった。

ジェノサイドの淵源はナチスの絶滅収容所におけるユダヤ人虐殺に依っているが、中国のそれはガス室こそないものの、明確な人口抑制、いや人口抹殺を組織的に図っているためナチスと同等のものと言ってよかろう。

中国は今、エスニック・グループの存在を、苛烈な同化政策と力による弾圧で抑圧している最中《さなか》にある。

（八）モンゴルの戦後 ―― われわれは内外モンゴルの統一を要求する

さて、第二次大戦後の内モンゴルの状況を語ってみたい。

まず、この地域で真っ先に挙げなければならないのは、満洲国の消滅である。

それは、一九四五年八月九日に始まった。

ソビエト赤軍とモンゴル人民共和国連合軍五〇万が太平洋岸からチャハル省に至るまでの長大な国境線を越境し、侵攻を開始した。

その結果、従来の版図は完全に塗りかえられ、内モンゴルには満洲国から離脱したホロンバイル自治政府、その西の東部モンゴル自治政府、さらにその西の内モンゴル共和国臨時政府が並立することになる。これらの自治政府が、一斉に外モンゴル（モンゴル人民共和国）への代表団を送り始める。

彼らの眼には、これが絶好の機会に映っていた。

「今こその独立の、そして民族の悲願たる外モンゴルとの合併の機会である。この機を逃してなるものか」と。

彼らは独立を前に胸躍らせ、活発に動いていた。とりわけ、満洲国には、モンゴル人武装勢力（満洲国警備隊）が、無傷のままで温存されていた。

満洲国興安省北部には、ダフール人部隊を中核としたホロンバイル自治政府があり、またその南には日本が育てた興安軍を核にした東部モンゴル自治政府が並立している。

これらが、ソビエトの侵攻と同時に蜂起してゆく。

むろん、こうした情勢である。ソビエトや外モンゴルは、この地に積極的に働きかけ、スターリンも当地に傀儡政権を樹立する計画を立てていた。

それに呼応する形で、東部モンゴル自治政府は、王爺廟で開かれた東モンゴル人民代表大会で東西内モンゴルの統一を決議し、独自の国旗、独自の軍、独自の貨幣を所持することを決定し、併せて外モンゴルとの合併を目指してゆく。

一方、徳王が率いていたモンゴル自治邦では、その運営に当たっていた自治邦の旧高官が軸となり、モンゴル人民委員会が立ち上げられ、そこで生まれたモンゴル青年党を核にして臨時政府が誕生していた。言わば、独立を目指す地方勢力がここをせんどと名乗りを上げていたのである。

だが、もとよりそれらは、そのいずれもが急造で、明確な基盤を持っていた訳ではない。と同時に、国民党も共産党も、満洲国が強大であったため、その影響力を及ぼすに至らなかった。したがって、この地はある種の空白状態となっていた。

そこへ、共産党に棚ぼた式の幸運が舞い込んだ。

ソビエト赤軍が侵攻した関係で、日本軍の武装解除に伴って押収された武器弾薬が共産党に手渡され、関東軍兵士ら八千名の捕虜ともども共産党に引き渡された。また、ソビエト占領地区の住民も共産党支配下に置かれることになってゆく。

この満洲国での共産党優位が、その後の国民党との抗争を勝ち抜く上での嚆矢となり、満蒙地帯での帰趨を決めた。

その時、共産党から送り込まれた尖兵がオラーンフーである。

その経歴を簡単に紹介すると、誕生は一九〇六年。内モンゴルの土黙特左旗塔布村で生まれたという。

だが、漢化されて育ったため、モンゴル語には通達しなかったと言われている。その後マルクス主義の洗礼は受け、中国共産党に入党する。これを契機にモスクワ中山学校に留学し、そこには蔣経国(蔣介石の息子)、鄧小平、葉剣英、董必武らが留学していた。帰国したオラーンフーは西蒙工作委員会を立ち上げて活動したが、頭角を現すのは第二次大戦直後からである。

彼は外モンゴルとの統一を目指す動きを阻止するため、獅子奮迅の活躍を示してゆく。すなわち、内モンゴル人活動家に執拗《しつよう》なオルグをかけ、毛沢東の宣言した「三三五宣言」を説いて回る。三五宣言とは、連邦制の下少数民族に対する自治権を付与し、しかもそこからの分離独立の権利を承認するものであった。

　これが、国民党の蛮行を見たモンゴル人には魅力に映り、オラーンフー自身もソビエトの連邦制を知悉し、三五宣言を信じた事で、その実現に邁進したのではなかったか。その結果、彼の活躍とも相まって、ここに内モンゴルは共産党の支配下に組み込まれる。

　かくして内モンゴルは、内外モンゴルの統一ではなく、東西内モンゴルの統一のみに収斂してゆく。この功績により毛沢東の覚えもめでたく、内モンゴル自治区の主席兼党書記長兼軍司令官に就任し、蒙古王と称されるまでになる。


　以上が簡単な略歴だが、その評価については毀誉《きよ》褒貶《ほうへん》あり、未だに一定していない。内モンゴルを中国に売り渡したとする見解から、内モンゴル自治区に住むモンゴル人のため出来る限り尽力したとする見解までさまざまある。

　私見について言えば、後者の方がより的確な意見かもしれない。

　確かに、オラーンフーは中国共産党の尖兵となり、独立派（外モンゴルとの合併派）を排除して、人民中国の枠内に内モンゴルを置こうとした。しかも、独立派を切り崩し、中国（共産党）のために働いた。具体的には、まず西部内モンゴルを切り崩し、当地の臨時政府を共産党支配下の張家口へと移転させた。こうなれば、もはや抵抗はできえない。西部モンゴルに建てられた自治政府はあっけなく霧散した。これだけ見れば、ウラーンフーの動きは共産党の尖兵で、許せない行為だと見られよう。

だが、国際情勢を見る限り、そうとも言えない。

例えば当時の東部地区ではこうなっていた。対日蜂起をしていたハーフンガーら内モンゴル人民革命党は人民解放委員会を立ち上げ、内外モンゴルの統一を決議して代表団を外モンゴルに送っていた。

彼らは、チョイバルサンと面会し、政党の合流（内モンゴル人民革命党のモンゴル人民革命党への合流）、制度の導入（外モンゴルの共産主義制度の導入）、そして何より国家の合併を願い出ていた。

では、この呼びかけにチョイバルサンはどう答えたか？

むろん、モンゴル統一の要求を受け入れたかったはずである。だからこそ、ソビエト赤軍とともに対日戦線に加わったのだ。事実、その宣戦布告書には、統一国家実現のためモンゴル人民革命軍が参戦すると書かれてある。それに呼応した軍事勢力が旧徳王政権下の第七師団や野戦師団で、外モンゴルに越境し、降伏を願い出ている。内モンゴルには、モンゴル統一に向けた熱狂が横溢していた。

だが、その運動は無に帰する。その時すでにヤルタ協定による大国間取引で、内モンゴルは中国に帰属することが決まっていた。ソビエトは、外モンゴル（モンゴル人民共和国）の独立を認める代償に、新疆省と内モンゴルを中国領として認めることを承認したのだ。そのため、チョイバルサン（モンゴル人民共和国の最高指導者）も内モンゴルから来た代表団に統一拒否の姿勢を取らざるをえなかった。また、仮に内モンゴルを合併すれば、その地に多く棲息する漢人の処理にも困る。さらには、内モンゴル統治に携わった親日勢力（徳王ら）を支持すれば、ソビエトの不興を買う怖れがある。

チョイバルサンは何度かのスターリンとの会談で、内外モンゴル統一の可能性を探っていたが、実現不能と見て統一の方針を撤回している。

かくして、内モンゴルからやって来た代表団には厳しい裁定が待っていた。人民革命党の解散と中国共産党の指導を受けよ、との裁定である。

その一方、外モンゴルの住民投票では圧倒的多数で独立が承認され、ハーフンガーの夢（南北モンゴルの統一）はここに潰える。内モンゴル人民革命党は解党され、代わって内モンゴル共産党が結党される（一九四七）。この時をもって、内モンゴルの独立・合併路線は完全に潰え去る。以後、彼らの政治目標は内モンゴルの自治権拡大に移ってゆく。

これを見れば、オラーンフーであれ誰であれ、内モンゴルの独立や統一モンゴルの実現は不可能であったろう。だとすれば、後は中国内での自治権拡大に向かうほか方途はなかった。内モンゴルは、東南アジアに見られるような日本軍撤退後に行われた旧宗主国への蜂起・独立に向えなかったのである。

だが、悲劇はなおも続いてゆく。その三年後、降ってわいたような指令が共産党から下された。チベット動乱鎮圧への尖兵に指名されたのである。

中国伝統の夷をもって夷を制するとの伝統がこのたびも行われた。以後は、楊海英の『チベットに舞う日本刀』（文藝春秋）に依ってみよう。

それによると、満洲には日本がモンゴル騎兵養成のため、創設した興安軍官学校があった。

そこで、訓練されたモンゴル騎兵は、最良の兵士に育っていた。その活用を中国は図ったのだ。

実は、すでにモンゴル騎兵は国民党との戦いの尖兵となっていた。彼らは中国各地を転戦し、共産党勝利のために幾多の功績を挙げていた。だからこそ、中国建国パレードにモンゴル騎兵の参加があったのだ。

今回も、それと同じ参戦が求められた。

むろん、モンゴル内にもそれに抵抗する意見はあった。同じ立場にある少数民族に刃を向けることは嫌だという思いである。

だが、それを拒否することはできなかった。拒否すれば、過去の経緯が問われかねない。すなわち、対日協力と、それを通じての中国からの分離独立運動である。

それがもし言及されれば、ただちに弾圧の口実にされてしまう。

したがって、人民中国への忠誠を示すには、チベット叛乱の鎮圧に向かわざるをえなかった。

かくしてモンゴル騎兵は、チベット高原に向け進発してゆく。

これは、チベット側に非常な痛手となったようだ。

「漢人の弱兵には絶対負けない。だが、モンゴルについてはこの限りではまったくない」

チベット兵を嘆かせたこの参戦は、精神的にもチベット側の戦意を挫《くじ》く元凶となったようだ。

事実、これを境に、手こずっていた中国側の優位が徐々に確立されてゆく。以後、チベットとモンゴルは、この事件を契機にして、深い溝を有してゆく。と同時に、チベット平定に与したモンゴル人も、今度は自らが粛清の的となり、非常な犠牲を払ってしまう。チベット人をして「天罰が下った」と言われる所以だ。

夷をもって夷を制する政策は、これ以上ない無惨な結果を残して終息する。


一方、内モンゴル内部では、オラーンフーの地位が確立し、それなりに安定した社会が築かれてゆく。

オラーンフーは、前述にもした通り蒙古王と揶揄されるほど内モンゴルの全権（自治政府主席、内モンゴル共産党書記長、内モンゴル軍司令官）を掌握し、中国共産党との間でも五〇年にわたる現状凍結を認める協定を結んでいた。今の香港と北京政府の関係に類似している。

だが、香港との協定と同様に、こうした事態は力関係によって左右される。

共産党は力を付けるに従って、協定をなし崩し的に反故にし始め、土地所有に関しても、私有制を基礎に置く互助会から、集団労働を基礎に置く初級合作社や土地合作社に移行させ、最終的には人民公社運動に収束してゆく。

だが、ここで、事態を変貌させる大事件が勃発する。

文化大革命が勃発したのだ。

内モンゴルは、毛沢東が使嗾した紅衛兵の乱入で非常な犠牲を出すに至る。すなわち、文革の嵐が荒れ狂い、過去の人民革命党事件を根拠にした弾圧でジェノサイドと呼ばれるほど惨劇に見舞われる。

それには、当時の中ソ関係が一触即発の状況にあったことにもよる。毛沢東は、ソビエト侵攻の場合、内モンゴル人の離反可能性に言及し、徹底した弾圧を指令した。

その端緒は、国際共産主義運動の路線対立(中ソ論争)から始まっていた。その対立のたけなわ、当時の陳毅外相はこう発言していた。「今や中ソ両国は外交関係断絶の可能性すらある。もし断絶すれば新疆ウイグル自治区と内モンゴル自治区はソ連修正主義に抗戦する最前線になるであろう」と。

その言葉が現実のものになるのにそれほどの時間はかからなかった。

一九六九年三月。中ソ国境のウスリー川の中州ダマンスキー島で衝突が起こったのだ。この日、人民解放軍一個大隊（六〇〇名）が国境を越えたとの報を得たソビエト国境警備隊は現場に赴き、解放軍の退去を求めた。

その時である。先鋒の解放軍三〇名と後続の二〇〇名がいきなり発砲し、国境警備隊に襲い掛かった。虚を突かれた警備隊に身を守る術はなく、無抵抗のままなぎ倒された。これに激怒したソビエトは、その二週間後、重砲を伴った数十台の戦車部隊を投入し、解放軍を蹴散らした。

その半年後。今度はソビエト赤軍が新疆省に兵を進めた。戦車や装甲車両に援護された赤軍は、同省深く侵攻し、迎撃してきた解放軍を一蹴した。

ここまで来れば、もはや収拾がつかなかった。

ソビエト共産党（当時はブレジネフ書記長）は、中国の核施設への核攻撃を俎上に載せ、その際のアメリカの対応を打診した。これに慌てたアメリカは、核戦争の勃発を阻止すべく必死にソビエトを説得し、かろうじてその実施を回避させた。

毛はこの事態に驚愕し、北京への侵攻におののいた。と同時に、赤軍の脅威に備え、臨戦態勢を全土に敷き、東北地区の全解放軍を北へ向けて動員した。また、ソビエトの核施設攻撃を牽制すべく、地下核実験と水爆実験を強行し、北京の航空戦力を地方へと分散した。

かくして、全土要塞化を進めた毛は、対ソ対米の最前線を第一線に、戦略的後方（チベット等）と位置づけた諸地域を第二線に、その中間地域を第三線に位置付けた国防三線を決定し、解放軍九五師団をそのそれぞれに配備した。

内モンゴルはその第一線の対ソ布陣と位置づけられ、百万の大軍を配置した最重要地点となっていた。

ちなみに、当時の外モンゴルには一〇万のソビエト赤軍が動員され、その尖兵たる機甲化部隊が侵攻すれば、ほぼ一〇日で北京に到達することになっていた。そしてその時、その通路に当たる内モンゴルが問題となった。赤軍は必ずモンゴル兵（人民共和国軍）を帯同して侵攻してくる。日本との戦闘（ノモンハンや終戦時の満洲侵攻）でもそうであった。となれば、内モンゴル自治区のモンゴル人は容易に離反する可能性が生じてくる。

内モンゴルへの弾圧は、こうした国家的緊張のただ中で行われ、その被害は全モンゴル人に及んでゆく。そこでは、モンゴル人共産党員をも標的とされ第五総隊と名付けられたソビエト・外モンゴルのスパイ狩りが横行する。ソビエト侵攻の折に予想される寝返りを防ぐ意味があったとされる。

こうしたモンゴル人被害の内容は、楊海英の『草原の墓標（上下巻）』に詳しいが、その最盛期にはモンゴル人であるというただそれだけで弾圧の標的になっている。

それは、モンゴル人一家族に必ず一人の犠牲（死傷者や拘束者）を出していることからもうかがえる。

内モンゴルの悲劇は続く。

一九八一年七月。

中国共産党書記局は、第二八号文書と称する通達で、大量の漢人移民を内モンゴルに移住させること、その入植を妨害してはならないこと、さらにはモンゴルの家族計画実施を求める指示を発表する。この間続けられてきた漢化政策の更なる推進を目指す政策である。

これに危機感を覚えたモンゴル人は、一九七〇年代に結成された地下組織モンゴル労働党とも連携し学生たちが立ち上がった。これが、八・一学生運動と呼ばれる戦後最大の学生運動である。要求はほぼ次の三点。モンゴル人の自主権尊重、第二八号文書の撤回、モンゴル人の土地所有の尊重である。その時のリーダーであったチェムチェルドによると、「フフホトの六大学がストを宣言した翌日から、通遼市にある二大学といくつかの専門学校のモンゴル人学生たちもストを宣言した。六大学連合スト委員会が内モンゴル全土に代表を送って広く支持を呼びかけ、学生運動の規模拡大を求めた。このように、内モンゴル全土で中国共産党の横暴なやり方に反対する闘争が展開された。最東端のフルンボイルから最西端のアルシャー盟まで各地で時限ストが実施、デモ集会が招集されて、フフホトのモンゴル人学生の抗争を応援した」（『ミニーノタグ創刊号』）

その運動の興隆を背景に、内モンゴルの六大学連合スト委員会は二度にわたり代表団を北京に送り、党中央との交渉に臨んでゆく。

だが、如何せん実力がかけ離れていた。代表団は軟禁や恫喝、さらにはフフホト・北京間の列車運行停止などさまざまな圧力を受け、最終的には抑え込まれる。

それだけではない。やがて、運動の熱気が冷えるのを見計らい、当局からの反撃が始まった。運動の指導者は軒並みターゲットとされてゆき、幾人もの亡命者を出すまでに至ってゆく。一九九三年にアメリカ・プリンストンで内モンゴル人民党を結成したのは、こうした亡命者が中心となっている（その後、人民党は二〇〇六年の東京大会を経て日本に本部を移している）。

次いで、一九八四年。この年、内モンゴル自治区に苛烈な条件が突きつけられる。共産党は「中華人民共和国民族区域自治法」を制定し、「民族自治」を「地域自治」に変更し、それまでの土地所有を「全モンゴル民族共同所有」から「全人民所有」へと移行した。

これは、重大な変更であった。

これをもってモンゴル人の持っていた最大の既得権が簒奪《さんだつ》され、二五万もの遊牧民の強制移住が遂行され、内モンゴルは単なる中国の辺疆省に格下げされることになる。

これが、民族区域自治のモデル・ケースともてはやされ、他の少数民族地域に対し適用された民族自治の末路である。

ちなみに、かのオラーンフーは文革の最中に失脚する。

その内容が苛烈である。民族の分裂者、日本の特務、ソビエトとモンゴル国のスパイ、内人党（内モンゴル人民革命党）の首謀者等々とまったくの捏造による批判を受けて失脚し、一〇年もの監禁に遭っている。

弾圧はむろん、民間人にも及んでいる。一九九五年のこと、モンゴル人の自主権獲得運動のリーダー・ハダ氏が国家転覆罪をもって逮捕される。「懲役一五年及びその後四年間の政治的権利の剝奪」がその判決であったが、その根拠はおそらく中華人民共和国刑法第百三条に依っているであろう。曰く。

「国家の分裂を図って組織、画策もしくは実行し、あるいは国家の統一を破壊する場合、主となる者または罪が重大である者に対しては、無期懲役または十年以上の有期懲役に処す……後略」と。

中国の裁判は、幾つかの際立った特徴を持っている。

まずは司法の独立がまったくないこと。すなわち、共産党の下請け機関に成り下がっていること、次いで秘密主義が貫かれ、その内実がきわめて分かりにくいことである。

この場合もそうであった。ハダ氏は、長期刑に伏され、刑期が終わった後においても軟禁状態に据え置かれた。近代の法理論をまったく無視した暴挙である。

さらには、法律の遡及適用や人治主義的運用も付け加わる。要するに、過去に遡って新たに制定した法律を適用し、しかもそれを恣意的に運用するということだ。

もし、これが通用するなら、共産党の恣意のままに、あるいは高級官僚の思うがままに判決が下されることになる。事実、それは無数の事例で示されるものとなっている。

今一つ、ハダ氏の場合には特徴的なことがある。

それは中国にとってアキレス腱とも言うべき政治問題、すなわち少数民族の立場が問題にされたことだ。彼は漢民族のモンゴルに対する態度を植民地主義と規定し、そこからの自主独立を目指していた。少なくとも、中国はそう判断し、徹底した弾圧に乗り出した。

ここが、通常の民主化運動への弾圧と全く違う。中国の民主化運動も困難を伴うが、それに民族問題が加味すれば、それは至難のものとなる。

これがあるから、中国の民主化運動とも一線を画し、かつモンゴル人内部でも「民族か、民主化か」を巡って、激論が交わされることになる。

ハダ氏の提起した問題は、そうした中国の内情を全て含んでいるのである。

以上、主として政治問題を取り上げたが、内モンゴルでの問題はそれだけに留まらない。社会問題や環境問題が重要な問題となっている。

まず、ここ内モンゴルは地下資源が非常に豊かで、石炭を初めとして鉄鉱石やレアアースの産地として知られている。ところが、これが現地には還元されず、単なる原料供給地として位置づけられているだけである。さらに問題なのは、こうした資源開発に伴う環境破壊が進行していることである。むろん、それに伴い、生活形態も変更を強いられた。

中国政府の考えによれば、遊牧形態は遅れた社会形態であり、それを定住させることが近代化の証しであるとの偏見があった。これは、遊牧社会を内に抱える諸国家には常に見られる傾向だが、人民中国もその点は同様だった。そのため、定住の第一歩として「定住遊牧」というまことにあやふやな政策を打ち出し、その放牧地を柵で囲うよう指導した。伝統的な五畜（馬、ラクダ、羊、山羊、牛）の遊牧否定と優良種のみの単一家畜の生産奨励というおまけを付けて。

これでは家畜の移動を基本とする遊牧などできるわけがない。実質的な遊牧の否定である。もともと、モンゴルの草原に漢人農民が殺到したことで、生活領域を狭められていた彼らのことだ。この定住政策が最後の駄目押しとなり、内モンゴルの遊牧社会は息の根を止められた。われわれが思い浮かべるモンゴル草原を見ようと思えばモンゴル国に行かなければならない状況になっている。

ちなみに、帝国主義時代には、植民地となった諸地域はことごとく原料供給地とされてゆくが、内モンゴルも同様の扱いを受けている。内モンゴルが国内植民地とされるのはこのことにもよっている。

教育も問題であった。人口統計によると、モンゴル人は約六百万ほどいるとされるが、その内の八割近くしかモンゴル語を使っていない。しかも、青少年にその傾向が顕著であり、仮に話せるにしても読み書き能力に大きな欠陥が存在する。

それだけモンゴル人の漢化が進んでいるせいであろうが、受験・進学を含めた学校制度が漢語をマスターすることを要求していることがそれに拍車をかけている。これにより、青年層のモンゴル語習得が疎外されていることは明らかである。人民中国は少数民族の文化尊重をうたっているが、その実態はそれから大きく離れている。

それもこれも、この地における人口比の逆転により起こっている。

その分岐となったのが時代的には一八世紀後半で、この時以来土地をめぐる民族間の抗争が頻発し出した。その事件の一つに金丹道暴動がある。白蓮教の流れを汲む漢人結社・金丹道が荒れ狂い、十万人近くのモンゴル人が殺戮された。これによって、モンゴル人地主は土地を失い、ますます漢人入植者の力が増した。

それに追い打ちをかけたのが一九〇〇年に起きた義和団事件である。この戦いに敗北した清朝は、諸外国から膨大な賠償金支払いを要求され、そのため漢人入植者に土地所有を認可し、その売買代金をもって賠償金に当てようとした。これがますます蒙漢両者の対立を深めてゆく。事実、土地を浸食された内モンゴルでは反漢暴動が頻発し、その中にはハイサン、ハンダドルジ、ツェレンメチドらに見られるような内外モンゴルの統一を志す志士が排出することになる。おそらく、この時期が最もモンゴル独立に希望の持てた時代であったろう。

だが、それも国際情勢が味方せず、内モンゴルに進軍したボグト・ハーン政権軍は撤収を余儀なくされる。

かくして、内モンゴルは圧倒的な漢人社会に包囲され、反撃すれば弾圧され、それが嫌なら域外に逃亡し、黙っていれば同化される悲劇に見舞われることになる。

そして今、バイリンガル教育との呼称の下、漢語教育が内モンゴルの民族学校で強制化されている。これが何を意味するかは明らかである。徹底してモンゴル人を同化させるためである。

民族の基本的精神は「言語」「宗教」「歴史」によって構成される。そのどれが欠如しても、非常な危機に見舞われる。その最も中枢に位置するのが言語であり、これが奪われた瞬間、生物学的血のみ残して民族は消滅する。それを今、共産党はあえて実施しようとしている。

今、内モンゴルは完全同化の瀬戸際に立っている。


では、この間、内モンゴルと同族国家である外モンゴル（モンゴル国）は、どのように対処していたのか。実は、その存在は、いささか頼りないものであった。確かに、辛亥革命や第二次大戦直後においては、内モンゴルの独立を支援した歴史はある。

だが、それは大国の狭間にある小国の立場の故、あるいは自国の安全を最優先に考えなければならなかった事情のため、大っぴらに内モンゴルを援助することはできなかった。

そのため、内モンゴルにおける惨状に口を挟むことは少なかった。事実、文化大革命中のモンゴル人虐殺にもほとんど介入していない。それだけではない。虐殺を逃れて外モンゴルに逃げてきた内モンゴル人を中国の回し者との嫌疑をかけ、執拗に訊問し、拘束にさえ付している。内モンゴル人は潜在的敵性国民と見なされていたのである。

かくして、内モンゴル人は中国からはソビエト・外モンゴルの、外モンゴル・ソビエトからは中国のスパイと疑われる最大の悲劇に見舞われた。隣接する敵対国家は、常に相手側の国民をスパイと見なす猜疑心に襲われるが、内モンゴルの悲劇はそのスパイと見なされた当事者が同族であったことである。

その最大の被害者がブリヤート・モンゴルである。彼らは現在ロシア、モンゴル、中国に分かれて暮らすが、その歴史は苦難と悲劇の連続だった。

まず満洲国の興安軍に徴兵をされた者は、戦後ソビエト赤軍に拘束され矯正収容所に送られた（大部分は死亡）。次いで、国民党に与した者は共産党との内戦で敗れたため、粛清に遭っている。

むろん、共産党政権下にいた者もただでは済まない。文革中には非常な抑圧を受け続け、とりわけ満洲時代に日本語学校に就学経験のある者や日本に留学経験のある者は、ただそれだけの理由で拘束・逮捕されるに至っている。

要するに、どの勢力に与しても、あるいはどの時代、どの地域に居住しても疑われ、迫害され、追放される身の上となっている。少数民族の悲哀を一身に帯びた歴史を辿ったのがブリヤート・モンゴルなのだ。彼らは非常時（革命期・動乱期）にはもみくちゃにされ、日常時には関心を寄せられぬ存在として今にまで至っている。

一方、そうした共産主義体制を一変させたのが、モンゴル国（外モンゴル）である。

それは一九九〇年に始まった。

モンゴル民主同盟を立ち上げたゾリグの運動は瞬く間に拡大し、民主化を要求する支持者たちはスフバータル広場で、党中央委員会政治局員の辞職を求めハンストに突入し、バトムンフ書記長以下全員の辞職を勝ち取った。

そしてその二年後に総選挙が実施され、ここにプチ・スターリンと称せられたチョイバルサン体制は崩れ去り、新たなモンゴル国が誕生した。

ここに、二〇世紀初頭に独立したモンゴル国が初めて自己のナショナリズムを主張する契機を得た。すなわち、社会主義インターナショナリズムに抑え込まれてきた民族性を大っぴらに主張することができる環境が整った。

その典型がジンギスカンの史的評価で、それまでソビエトによって侵略者として位置づけられたジンギスカンがモンゴル史上最大の偉人として蘇った。

ちなみに、この体制の変革は、日本との関係にも新たな時代をもたらした。モンゴルには、一万三千人にものぼるシベリア抑留日本兵がソビエト経由で送り込まれ、首都ウランバートル建設に従事していた事実がある。現存する官庁街やスフバータル広場は日本兵によって建てられたものである。

人民共和国時代には、その事実が公表されず、日本兵の犠牲や貢献にも正当な評価が下されぬままであったが、民主化後に、初めてそれが認められることになる。

この時以来、日本は初めてモンゴル国と交流しその実情を知ることになる。

実は、戦前の日本人は、モンゴルと言えば、内モンゴルのことであった。日本人は終始一貫、内モンゴルを通じてモンゴルを理解していたのである。戦前の外モンゴル（人民共和国）が社会主義体制（ソビエトの傀儡政権）であったため、交流がまったくなかったからである。

それが戦後は逆転した。人民中国の支配下にあり、国内植民地化した内モンゴルとの交流は途絶えてしまい、日本人はモンゴルと言えば、モンゴル国（外モンゴル）のことしか頭に浮かばなくなっている。

だが、そうではないのだ。日本が本当に付き合ったのは内モンゴルであり、それに対する歴史的責任が日本にも存在するのだ。

(九) 第二次世界大戦の総括――日本の大陸政策を通して

最後に、日本の第二次大戦と大陸政策について総括したい。

これについては、さまざまな議論があるが、総じて二つの潮流がある。

一つは「日本帝国主義の侵略戦争である」との観点。これは、中国を侵略された側に置き、日本を侵略者の側においた左翼史観で、これをもって全ての事象を説明しようとする見解である。

一方の右翼史観は「日本が白色帝国主義打倒を掲げて戦った結果、東南アジア諸国の独立を見たことは大いに称えられるべきだ」とする見解である。

だが、右の史観はどちらも不完全で納得しがたい。

まず、前者の史観は、人民中国の革命史観と調子を合わせる自虐史観となってしまい、それに外れる歴史観を反動と総括し、排除し続けた歴史を持つ。例を挙げれば、日中友好の名の下で、全てが人民中国の主張のままに動かされてきた経緯がある。政治運動だけを言っているのではない。マスコミも学会もその呪縛のもとにあった。知らないとは言わせない。当時の進歩的文化人たちの発言はそれを見事に証明している。彼らは、人民中国や北朝鮮を天国とほめたたえ、台湾や韓国を地獄のようにけなし続けた。要するに、毛沢東や金日成の権威にきわめて弱く、薄められた共産主義の立場を演じていたのだ。

後者の場合もまた問題だった。確かに、右翼史観の主張する日本による東南アジア独立寄与論は、その部分だけ取り上げれば分からないわけでもない。日本が西欧列強と激戦を交えた結果、東南アジアは独立の契機を得た。

だが、その影に隠れた大陸での日本の失敗（中国からの少数民族の独立失敗）をまるで無視しているところがある。

繰り返すが、彼らの主張は日本が西欧列強と抗した結果、東南アジアが独立した故、日本の戦争は無駄ではなかったといいたいのだが、ならば同じ論理を中国大陸に当てはめれば、それが実現できていないことをどう説明するのか？

今少し述べてみれば、この「欧米列強の部分に中国を代入し、東南アジアの部分に内モンゴル、チベット、東トルキスターンを代入すれば、ほぼ同型だ」と見なされる。さらに言えば、日本が欧米列強と一戦を交えたのはわずか四年のことであるが、中国とは一九三七年から敗戦時（一九四五）まで延々と戦っている。にもかかわらず、日本が具体的に支援していた内モンゴルも、工作の手を伸ばしていた東トルキスターンも独立を見ていない。

これをいったいどう考えるか？

そもそも、片方の成功だけを絶賛し、もう一方の失敗に眼をつぶる行為が正当と言えるだろうか？

このことから分かることは、左右両者の歴史観はいずれも不完全で、大穴が空いているということだ。

とすれば、今一度、近代日本の国家方針、とりわけ大陸との関係（地政学的意義）を概観してみなければならない。

それを語るのに、まず挙げなければならないのは日清戦争である。

この戦争の史的意義は、日本が大陸の東端にその橋頭堡《きょうとうほ》を築いたことである。

これは重要な意味を持つ。

というのも、この時日本は韓半島を経ることで大陸国家への道を築いたからだ。

それが、さらにはっきりするのが日露戦争での勝利である。この時、日本は韓国を国際的認知の下で植民地化し、南満洲における利権を確保するに至った。これをもって、完全なユーラシア国家として登場する。

それが、日露戦直後(明治四〇年)の帝国国防方針にはっきりと記されている。

そこでは、それまでの「海主陸従」、すなわち海洋国家の立場が変更され、海陸共の「両生国家」になっている。これは、地政学的に極力避けるべきものであった。

『海上権力史論』を著した米海洋戦略家アルフレッド・マハンは「両生国家は成り立たず」との有名なテーゼを出しているが、それが帝国日本にも見事に当てはまった事になる。

事実、これが第二次世界大戦に至る敗戦の戦略的敗因になったと思われる。その結果、太平洋ではアメリカと、大陸では西に中国、北にソビエトと、三重対峙を強いられることになる。

その両生国家たる日本の取った最終結果を、ここで一つ挙げて見たい。

日本がポツダム宣言を協議する御前会議でのことである。

その席上、最も降伏に異を唱えたのは陸軍を代表する阿南陸相であった。

彼はこう言って終戦に反対したという。

「我が陸軍は未だ中国に一〇〇万の無傷の兵を保持している。それなのに、何で降伏しなければならないのか」と。

この言葉に嘘はない。だがこれは、全体をまるで見ない典型的な事例である。中国に残存する兵力がまるで戦争の帰趨《きすう》に関わっていないからである。

その帰趨はあくまで日米の決戦だった。すなわち、太平洋上の戦いこそ、日米の雌雄を決するものであり、それと関わり合いのない陸上兵力がいくら大陸に残っていようと大局に影響を及ぼさない。そもそも、中国戦線に投入した戦費を単純に海上戦力に振り向けば、百隻の空母を建設できたと言われる。

今少し言及すると、レイテ沖海戦で日本連合艦隊が敗れた時点で、戦争は終結していた。

この海戦は、連合艦隊が総力を挙げたにもかかわらず、米軍のフィリピン上陸を阻止できず、しかも同艦隊の事実上壊滅という致命的犠牲を払ったことで、後は終息を待つだけだった。だから、ただちに降伏を前提とする交渉を開始するしか他なかった。

この事から分かることは、日本のような海洋国家が両生国家となった悲劇である。すなわち、二正面作戦を取ることは絶対に避けねばならぬことであったが、皮肉にも日清・日露の両戦争に勝利したため、そうした立場を取らざるをえなくなった。

その結果が、今次大戦での大敗北だが、その総括が左右両派の両極端に分裂し、しかもそれが双方とも不十分であるとすれば、もう一度再考する必要があるであろう。

ここに記した少数民族と日本の関係も、その再考を促すものの一つである。

繰り返すが、東南アジアの独立に果たした役割を誇示したいなら、その負の部分も同時に見つめなければならないはずである。

内モンゴル、チベット、東トルキスターンの独立の志士たちは、ビルマの、インドネシアの、フィリピンの独立の志士たちと全く同じ立場にいた。その独立の相手が西欧列強（イギリス、オランダ、アメリカ）か、中国かの違いがあっただけである。そして、片方は独立し、もう片方は独立に失敗した。

日本の今次大戦の総括はこの光と影を双方見ることが求められているのである。

もう一つ、戦前の歴史が活かされていない場合がある。

それは、戦前の大陸工作が、まるで検討されていない点である。具体的には、中国の辺疆地区に位置している少数民族の動向を埒外《らちがい》に置いている点である。

現在、日本の対中世論は、その衝突点を尖閣列島に置いている。そのため、ややもすれば、軍事的観点が優先し、そこに集中する日中両国の戦力比、すなわち艦艇数や兵器の質量、さらには日米同盟の問題点が取り上げられる。

だが、それだけに固執するのが、いかに狭量かは言うまでもない。

少なくも、戦前は多くの失政を重ねても、中国大陸全域を見渡していた。具体的には、中国辺疆部にいる少数民族の動向である。彼らといかに協力し共闘するかに非常な努力を払っていた。その検討が戦後まったく見られない。具体的には、彼らを支援する姿勢がまるで見られないことである。それができれば、人権の面でも貢献でき、国益の面でも中国を牽制できるはずなのだが、それがまったくなされていない。

それもこれも、第二次大戦の総括をまるでやっていない証拠である。もし、それをやっていれば、少しはましな対中政策が出てきてもいいはずだが、それがないということは真剣に今次大戦を見ていないということだ。

日本にとって、大きな負の遺産と言っていいであろう。

さて、冒頭に述べた築山・小村の戦後の生きざまを述べて終わりとしたい。

両者は、昭和四二年に社団法人日本イスラーム友愛協会を設立し、イスラーム運動を開始した。戦後、二二年を経ての設立である。

なぜ、二〇余年もかかったかと言えば、一つは敗戦の混乱による生活に追われ、社会活動ができなかったせいである。今一つは、マッカーサー指令により、日本軍国主義に寄与したと見なされた団体設立が禁止され、イスラーム団体もその煽《あお》りをくらったからだ。

その二つがようやくクリアーされ、発足の運びとなった。

この場合、なぜモンゴル団体でなくイスラーム団体だったかという点も説明の必要があるであろう。

それは、外モンゴル（モンゴル人民共和国）がソビエトの衛星国となり、内モンゴルが人民中国の国内植民地（体のいい民族自治区）となったため、交流しようにもできなかったせいである。

そのため、興亜義塾のモンゴル班と回教班（イスラーム班）は、後者だけしか活動の余地がなく、モンゴルに未練を残しながらも、イスラーム世界との交流に限定せざるをえなかった。

だが、それでも両氏は運動を止めなかった。

築山は、自らの身銭を切り、イスラーム世界に留学生を派遣し、その派遣先もパキスタン、アフガニスタン、イラン、シリア、サウジアラビア、エジプト等々にわたっている。断っておくが、当時は今のように、海外との交流が簡単にできる時代ではまったくなかった。海外への送金でさえままならぬ時代であった。それをあえて中央突破を図る形で、しゃにむに実現していたのだ。

また、築山はパキスタンの留学生を自らの養子とし、日本の教育（大学と大学院）を受けさせている。自分が内モンゴルで受けた恩を少しでも返したいとの思いだったと述懐している。

一方小村は、戦後漬物屋を開いていたが、運動にかける情熱を抑えがたく、それをたたみ、死ぬまでイスラーム運動に従事してゆく。

いつも、どでかいカバンを肩にかけ、日本でのモスク建設を説いて回った彼の姿が眼に浮かぶ。柔道部で鍛えた身体はだてではなく、肌を見せると筋肉隆々たる小村であったが、さすがに寄る年並みには抗しえず、最後は癌のため入退院を繰り返しながら寂しく逝った。

これが、両氏の戦後の軌跡であるが、心残りであったことは青春時代を過ごした内モンゴルを再び訪れることなく逝ったことであろう。

ちなみに、私はたびたび築山のカバン持ちをして回ったが、その時たまたま東京で、モンゴル民謡のカセットを見つけた時の喜びを眼の当たりにした。

「懐かしいなあ。たぶんこれを聞くと、また内モンゴルのことが思い出され、運動を続けたい気持ちになるんだろうなあ」

その言葉を聞いた時、彼の内モンゴルにかける想いを垣間見る思いがした。

ちなみに、当時はもはや戦後三〇数年経っている時代であった。すべての日本人が内モンゴルなどまったく関心を持たぬ時代であった。

今回それを改めて思い出したのが、次の文を読んだ時である。冒頭に書いた興亜義塾の塾生の姿である。

「義塾の青年たちは。『土民軍』と呼ばれた。彼らは草原を天地としてラマ寺廟や遊牧民の張幕に起居し、ほとんど張家口に出て来ない。彼らは真実心の底からモンゴル人を愛し、その言葉を語りその食物を口にしその衣服をまとう日常を送っていた。今から回想すると、この人びとはきわめて単純であり、また滑稽なくらい偏狭でもあったが、モンゴル人との友情は純粋なものであった。その蒙古びいきと一本気とは、往々にして『国策』と衝突し、張家口では田舎者扱いされることが屢々であった。私は、このことをとくに言っておきたいと思う」（善隣協会調査部長、後藤富男）

築山もそれを長く心に抱いた人であった。義塾の思いを終生忘れず、次の世代に伝えるべく活動し続けた人であった。同窓の西川や木村の記録を綴ったのも、彼らを通じて義塾の活動に改めて思いを馳せたからである。

したがって、ここに記したのは日本・モンゴル交流史を飾る埋もれた士としての彼らの姿とその時代的背景である。

その交流史を少しでも思い返し、今に還元していただければ幸甚である。

「防共」を貫徹できなかった大東亜戦争――解説に代えて

久野潤（大阪観光大学国際交流学部講師）

私事となるが、一〇年近く前に御縁あって新島八重の本を書いた。当時はまだその名がほとんど知られておらず、口頭で伝えると「飯島愛」と間違われるほどであった。出版された拙著を奉納するため真っ先に向かったのが、哲学の道の南端に鎮座する熊野若王子《にゃくおうじ》神社（京都市左京区）である。その翌年、平成二十五年（二〇一三）に大河ドラマ『八重の桜』が放映され、前後に関連書籍の出版が相次いだが、こちらに奉納されたものは唯一だと伊藤快忠宮司（当時）に言われたのを憶えている。同志社大学創設者の新島襄や、その妻である八重の墓所を擁する同志社墓地はもともと同神社の社領地で、明治二十三年（一八九〇）新島襄の葬儀前日に南禅寺への埋葬を断られたことで設けられたものである。南禅寺に断られたのはキリスト教徒であったためとされるが、一方の神社は〝異教徒〟も分け隔てなく扱ったことになる。

さて、その熊野若王子神社では、鳥居手前の高さ二メートル程あろう「征清殉難九烈士」碑が目を引く。これは、日清戦争（一八九四〜九五）時にスパイとして清国軍に処刑された漢口楽善堂（調査研究機関）出身の藤島武彦・石川伍一・山崎羔三郎《こうさぶろう》、日清貿易研究所（東亜同文書院の前身）出身の楠内友次郎・福原林平・藤崎秀《ひいづ》・鐘崎三郎・大熊鵬・猪田正吉の情報要員を鎮魂するため、彼らを招集した根津一（のち東亜同文書院院長）が荒尾精（日清貿易研究所の創設者）の協力を得て建立したものである。一命をなげうって任にあたった末に、斬首あるいは銃殺されたり、行方不明になったりしたこの九名は、いずれも二十代から三十代の若者であった。

戦争映画に詳しい方なら、『二百三高地』（一九八〇）冒頭の、日露戦争（一九〇四〜〇五）開戦期に諜報・破壊活動を行っていた横川省三、そして村井国夫扮する沖禎介両烈士が処刑されるシーンをご存じかもしれない。あるいは『日本海大海戦』（一九六九）で、ロシア帝国公使館附武官として情報収集・工作活動を展開し、日露戦争の勝利に貢献した明石元二郎陸軍大佐を仲代達矢が好演していたのを記憶している方もおいでであろう。

大変な苦戦を強いられた日露戦争については、かように情報戦略も駆使して勝ち抜いたことが広く知られている。ところが、日清戦争についてはどうであろうか。現行の歴史教科書でも、日清戦争の記述は開戦から数行で日本軍勝利＝下関講和条約に至る。これは必ずしも、日本軍の圧倒的強さを示したいわけではなかろう。たとえば自虐的な近代史観をもつ教科書執筆者の場合は、近代における中国を無力で善良な被害者と位置づけ、後の昭和の戦争において〈日本が中国を侵略した〉というテーゼを確固たらしめる伏線とするためなのではないかと勘繰ってしまう。近代日本にとって初の対外戦争である日清戦争は、間違いなく大変な苦難を伴う戦役であった。戦勝は正規軍の精強さだけがもたらしたものではなく、やはり水面下で決死の情報戦が遂行されていた。同時に、十九世紀後半から二十世紀にかけての近代史を考察する際には、清――中華民国――中華人民共和国という〝王朝交代〟を超えて、中国とは一体いかなる存在かという命題を避けては通れない。これらは我が国で戦後に歴史書からすっかり抜け落ちてしまった視座であり、戦後の日本人が自国の歴史から本当の教訓を得られない所以でもある。これについては、本書の第五章「(三)国民党の民族政策と国際的認知」や第六章「(一)建国即侵略」が一定の答えを提供してくれている。

次に、大東亜戦争、すなわち我が国にとっての第二次世界大戦とは何であったのか。これに対して戦後、あらゆる史料そして思想を動員して議論されてきたが、いまだ国民的な最低限の共通認識さえ形成されていない。れっきとした同時代用語である「大東亜戦争」にすらアレルギーをもつ向きが多いのが実情である。本書の著者は「日本帝国主義の侵略戦争」「日本が白色帝国主義打倒を掲げ、アジア諸国の独立を見た大いに称えられるべき戦争」という双方の見解がどちらも不完全で納得しがたいとする(三一五ページ、以下同様に『中国から独立せよ』ページ数)。私も同意である。

昭和の戦争が侵略か否かという観点が先行した結果、戦後の(特に歴史教育の場などで現れる)議論において、もうひとつの重大な論点が欠落しがちであった。それは日本にとって、ひいては世界にとって本当の〈脅威〉であったものは何かというものである。

たとえば歴史教科書では、鎖国状態であった日本が、嘉永六年(一八五三)ペリー来航により国際社会の荒波にさらされるようになって、幕末の動乱が始まるかのように説明されている。しかし、まず「鎖国」とされる国策については、キリスト教勢力による世界的な侵略行為や奴隷貿易に危機感を頂いた豊臣政権ついで江戸幕府によって、キリスト教禁教政策がとられる中、通商を行うキリスト教国を制限した国防政策に他ならない。戦国時代以降の日本にとって、西洋諸国は最新技術の導入元であると同時に、宣教師を尖兵として侵略してきかねない〈脅威〉であった。織田信長や豊臣秀吉が技術革新を伴う圧倒的な軍事力で天下統一を進めたことも、西洋諸国が日本に対する侵略を思い留まる抑止力となったことを忘れてはならない。侵略者が存在しなかったのではなく、指導者たちの努力や人々の危機意識によって侵略を防ぎ続けたのである。当時の国際情勢や脅威から目を背けた「鎖国」だったという認識は、間違いである。

江戸時代後期の「異国船」についても、ペリー以前から既に琉球へはイギリス（一八一六）やフランス（一八四四）が、そしてロシアに至っては前世紀から根室（一七九二）次いで長崎（一八〇四）へ来航していた。ペリー来航の際に曲がりなりにも対応できたのは、そうした前提があってのことである。また、ロシアのフヴォストフが樺太や択捉島を襲撃した文化露寇（一八〇六～〇七）や、ロシア軍艦が対馬の一部を占拠し租借しようとしたポサドニック号事件（一八六一）についてでは歴史教育でもほとんど触れられない。多くの歴史家が、ロシアによる〈脅威〉に対して甘いのだ。

さて大東亜戦争について、「とにかく日本が『悪』だった」といった極端な自虐史観から仮に脱却できたとしよう。それでも、もう少し深く学んだところで「アメリカからペリーがやって来たせいで日本は開国させられ、対外戦争をする国になった」「日本はアメリカにハル・ノートを突き付けられて戦わざるを得ず、アメリカに原爆を投下され、戦後もアメリカ中心のＧＨＱに制度的・精神的に骨抜きにされた」などとアメリカの所業が強調され、軽率な反米史観に陥ってしまう可能性が拭えない。

なお昭和二十年（一九四五）八月の終戦後、同年十二月ＧＨＱにより国家と神社の関係を断ち切るいわゆる神道指令が発せられた。その直前に昭和天皇は、滋賀県大津市の近江神宮を最後の勅祭社（現在は全国一六社）に治定すると共に、勅使を差遣したことが伝わっている。白村江の戦い（六六三）の折に統治者であらせられた第三十八代天智天皇を御祭神とする近江神宮に、白村江以来となる敗戦を奉告し、復興を祈願するためであった。白村江の戦いの相手方は、中国の唐軍が主力であったことは言うまでもない。

支那事変（日中戦争）長期化や日米開戦の背景、さらにはGHQの日本弱体化政策についても同様である。アメリカ側からの最後通牒とされるハル・ノートの文面がソ連のエージェントであった当時の財務次官補の影響下で作成され、またGHQで占領政策の中心を担った民政局には本来アメリカと相容れない共産主義者が多数紛れ込んでいたことなどが近年知られるようになった。正確に書けば、以前より一部の研究者によって指摘されていたのが、近年やっと一般読者に耳を傾けてもらえるようになったということである。私の学生時代の経験で言えば、日米戦争がなぜ起こったのかといった議論をしている時に、コミンテルン（国際共産主義運動の指導組織）について言及しても、相手に怪訝そうな顔をされるばかりであった。

けだし二十世紀の日本にとって、否、世界平和にとっての最たる脅威は間違いなく共産主義であった。日本の歴史教科書は、ヒトラーの非道ぶりについては口を揃えたように叙述するが、スターリンや毛沢東の残虐ぶりに触れることはほとんどない。これでは学習者が、大日本帝国が侵略国ではなく、むしろ共産主義を防ぐ使命をもった国家であったということに気づくこともないだろう。実際、戦前日本の中枢にも共産主義に憧れる、あるいは危機感を抱けない（「共産主義ソ連より米英が憎い！」）ような人物も居り、国策は迷走した。ソ連に対抗する日独防共協定（一九三六）を締結しながらも、後に一転、日ソ中立条約とセットで日独伊三国同盟（一九四〇）へと突き進んだ。これは教科書で説明されるような「防共協定強化」などではなく、明らかに「防共の放棄」となった。私は大学院で（これも当時ほとんど知られていなかった）昭和研究会をテーマに学位論文を執筆したが、近衛文麿内閣のブレーンであった昭和研究会に属していた容共主義者（隠れ共産主義者）たちが、こうした国策の漂流に及ぼした影響についても大いに検討されねばならない。昭和研究会において中国情勢分析の主力として期待されていたのが、元朝日新聞記者で内閣嘱託の尾崎秀実（のちソ連のスパイとして処刑）であった。彼は支那事変の発端となった盧溝橋事件（一九三七）の前年十二月の西安事件を、直後の『中央公論』新年号に執筆した「張學良クーデターの意義」で（スパイとしての情報享受によってであろうが）的確に読み解いたことで信頼を勝ち得た。すなわち「安内攘外」を掲げ、毛沢東率いる中国共産党に対する剿共戦を展開していた蔣介石（国民党）が、部下であるはずの張学良に捕らえられた結果、共産党との協力関係に入るというものである。案の定、盧溝橋事件の直後に第二次国共合作が公表され、抗日民族統一戦線が成立した。非共産勢力同士を戦わせることに成功した共産党は、大東亜戦争終結直後の国共内戦再発まで、日本軍との戦闘を極力避けつつ中国各地への勢力扶植に努めた。日中双方の指導者が「防共」を放棄したことで、どちらが勝つかに拘らず、アジアにおける共産主義拡大を防ぐ手立てが失われてしまったのである。

仮初にも歴史の研究者として、後知恵で歴史を断罪することは慎みたいが、大東亜戦争までの道程で敢えて反省すべきことがあるとすれば、「防共」を貫徹できなかったことをいちばんに挙げたい。国際関係の帰結としても、終戦間際のソ連参戦やシベリア抑留が、戦争の惨禍に更なる悲劇のページを加えたことは確かである。しかし、そういう真の教訓を共有することを妨げるかのように、長らく「ソ連によるユダヤ人虐殺」や「第二次世界大戦勃発時のソ連によるポーランド侵攻」なども歴史教科書に書かれなかった。また、共産主義勢力の伸長を抑えるためのシベリア出兵（一九一八〜二三）や治安維持法（一九二五）の如きも、愚策／悪法のレッテルが貼られ続けてきた。冷戦下で西側陣営に属していたことも忘れたかのように、冷戦終結（一九八九）すなわちソ連敗北や、ソ連崩壊（一九九一）に際しても日本が勝利者側であった自覚をもてないままである。西側陣営の自由・平和を享受しながら、ソ連を支持した知識人たちの大いなる過ちが総括されることもなかった。他方、コミンテルンの主導で発足（一九二一）した中国共産党が建国（一九四九）した中華人民共和国における、文化大革命（一九六六〜七六）や天安門事件（一九八九）といった国内虐殺劇の実情も、やはり教科書で的確に教えられることはない。

加えて、「日本が『悪』だった」という自虐史観・謝罪史観がはびこった結果でもあろう。ロシア―ソ連、そして歴代中国王朝や中国共産党による〈脅威〉が歴史教育の場でほとんど伝えられてこなかったのだ。旧共産主義国家は二十世紀のみならず、二十一世紀においても、世界平和にとって最たる〈脅威〉であり続けている。日本人が歴史を知らないことが、その〈脅威〉に拍車をかけている。現在に至るまで、中華人民共和国がチベット・ウイグル・南モンゴルで凄惨な人権弾圧を行っても、またソ連の後継国家たるロシア共和国が近隣諸国に侵攻しても、日本人が、特に日本政府が声を挙げることが憚られてきた。

しかしここで改めて弁えなければならないのが、我が国は歴史上、国際関係に確実に影響力をもってきたということである。例えば著者は二十世紀初頭、日本がロシアによるチベット侵略を結果として阻止したことを指摘している。それについては「新疆省からチベットへの南下を目指していたロシアがなぜ大英帝国に後れを取ったかは、ひとえに日露戦争の存在によっている。この時、ロシアは、日本との戦いに勢力をそがれ、チベットに介入できなかったのである。これが、グレイト・ゲームのユーラシア大陸での帰趨を決めた。大英帝国は栄光ある孤立を捨て、日英同盟を締結し、チベットの確保によりインドの領有を維持し、東アジアへのロシアの拡大を食い止めたのだ」(二〇一ページ)と記されている。

また、現在の日本が国交をもつモンゴル国(一九九二改称)は、コミンテルンの指導により、ソ連に次ぐ世界で二番目の共産主義国として誕生(一九二四)したモンゴル人民共和国を前身とする。いわゆる外モンゴルであるが、著者は「実は、戦前の日本人は、モンゴルと言えば、内モンゴルのことであった。日本人は終始一貫、内モンゴルを通じてモンゴルを理解していたのである」(三一四ページ)と指摘する。確かにノモンハン事件(一九三九)にせよ、南モンゴル(内モンゴル)東部を擁する満洲国と日本との連合軍と、モンゴル人民共和国・ソ連連合軍との戦争であった。さらに残りの「モンゴル」は中華民国の支配下に置かれた状態で、日本では翌年再び近衛文麿が政権に返り咲く。ここで前出の昭和研究会の影響もあり、ノモンハン事件を敗北と判断して対ソ宥和策をとった日本は、モンゴル地域の混迷をよそに、いよいよ本格的な南進へと舵を切ったのである。支那事変の最中の援蔣ルート遮断のためとはいえ、アメリカに対日経済制裁の口実を与え、結果対米開戦を余儀なくされたのは痛恨であった。日本敗戦後のモンゴルでは、北は共産主義支配が続き、南は全域が中華人民共和国成立と共に内モンゴル自治区とされ、苛烈な人権弾圧が行われた。これも、大東亜戦争のひとつの〝結果〟である。だからこそ、「日本が本当に付き合ったのは内モンゴルであり、それに対する歴史的責任が日本にも存在するのだ」(三一五ページ)という著者の主張には、私も納得させられる。

ウイグル人については、満洲国成立の翌年（一九三三）、イスラム勢力を糾合して東トルキスタン・イスラーム共和国の建国が宣言された。しかし、この念願の新興国家が国際社会に承認されなかったことも、日本の存在と無縁ではない。著者は、イギリスは「日本の大陸侵攻を牽制するため中国国民党を支援していた。その国民党が認めない東トルキスターン独立を承認しないのは当然だった」（一三三ページ）、そしてソ連も「日本の勢力が西に及び、内モンゴルに続き、東トルキスターンに触手を伸ばせば、非常な脅威になってくる。さらに、この独立を認めれば、連邦内のイスラーム世界にも影響が及んで来る」ため、やはり独立を拒絶した（同前）と述べる。帝国主義諸国の甚だ勝手な都合であるが、地政学上重要な位置にあるこの地域に日本を進出させてはならないという政策が、確かに国際関係の変動要因となっていたのである。

これらの歴史が示しているのは、日本の動向が彼らに影響力をもっていたということであり、裏を返せば、日本が然るべき国策をとることにより、ともすれば彼らを救い得たということでもある。そして今でも、共産主義から彼らを救うカギを握っていると言っても過言ではない。「二十一世紀はアジアの世紀」と言われ、「親米一辺倒からアジアにも目を向けるべきだ」といった議論も盛んであるが、大方は歴史認識問題も含め、中国（漢民族）・韓国という「アジア」にばかり目が向いてしまっている。かつて満洲国建国の際、そのスローガンであった「五族（日・韓・満・蒙・漢）協和」が不調に終わった理由として、著者はモンゴル人が「中国からの独立が悲願であり、五族協和はその中国との共存を意味していたからである」（一七二ページ）としている。この「中国と仲よくしろだと？　こんなもの、やってられるか」（同前）という情念は、一部を除き当時のチベット人・ウイグル人にも当てはまるであろうし、現在の国際社会において「アジアの連携」などを唱える際にも心しておかねばならないことである。

戦前には、中国辺疆部の少数民族に身を挺してアプローチした、築山力・小村不二男のような人士がいた。しかし著者によれば、そうした少数民族を「支援する姿勢がまるで見られない」「それができれば人権の面でも貢献でき、国益の面でも中国を牽制できるはずなのだが、それがまったくなされていない」（三二一ページ）のが現状であり、「第二次大戦の総括をまるでやっていない証拠である。もし、それをやってれば、少しはましな対中政策が出て来てもいいはずだ」（三二一―三二二ページ）ということである。

幸いと言うべきか、本稿執筆中に、本年新たに設立された「南モンゴルを支援する議員連盟」会長を務める高市早苗衆議院議員の自民党総裁選挙出馬が報じられ、我が国の対中人権外交の画期となる可能性さえ見えてきた。私は昨年四十路に入った研究者であるが、今また著者渾身の著作に触れ、まずは自分に何ができるかを自問自答せずにはいられない。少なくとも、偏向したメディアに左右されず、然るべき教訓を引き出すためにこそ、歴史を真摯に探求し伝えてゆく気概を持ち続けねばなるまい。

令和三年九月

あとがき

築山力は私に最も影響を与えた人物で、唯一の師といっていい。その生涯は、文中で述べた通りだが、終生内モンゴルでの日々のことを、すなわち興亜義塾で学んだ日々のことを忘れることなく、いつも懐かしく語ってくれた。この書を著したいと思ったのはこのことがあるからだが、幸い集広舎の川端幸夫社長の眼にとまり出版の運びとなった。これ以上ない喜びである。これでようやく師の思い、ひいては当時の日本の内モンゴル・チベット・ウイグルとの関係を少しばかり表せたのではないかと思う。最後に、この原稿に目を通しコメントしてくださった浦辺登氏、編集の労を取っていただいた月ヶ瀬悠次郎氏、素晴らしい装丁を施してくださった北里俊明氏に、またアドバイスや解説を書いていただいた久野潤氏に心より感謝を申し上げたい。ありがとうございました。

著者紹介

小滝　透（こたき・とおる）

1948年、京都市生。紫野高校卒業、金沢大学法文学部文学科中退。サウジアラビア王立リヤード大学文学部アラビック・インスティチュート卒業。著書には『ヒトはなぜまっすぐ歩けるか』（第三書館）、『いのち永遠に —— 教祖中山みき』（講談社）、『神々の目覚め —— 近代日本の宗教革命』（春秋社）、『神の世界史』三部作（『ユダヤ教』『キリスト教』『イスラーム教』（河出書房新社）、『ムハンマド —— 神の声を伝えた男』（春秋社）等多数。その他、第二回・第九回毎日二十一世紀賞受賞。

中国《ちゅうごく》から独立《どくりつ》せよ

帝國日本《ていこくにつぽん》と蒙《モンゴル》・蔵《チベット》・回《ウイグル》

令和3年（2021年）12月25日　初版第1刷発行

著 …………………… 小滝 透

発行者 …………………… 川端 幸夫

発行 …………………… 集広舎

〒812-0035 福岡市博多区中呉服町5番23号
電話 092-271-3767　FAX 092-272-2946
https://shukousha.com/

装丁 …………………… design POOL

組版 …………………… 月ヶ瀬 悠次郎

印刷・製本 …………………… モリモト印刷株式会社

ISBN 978-4-86735-020-1 C0021